中世都市の力

京・鎌倉と寺社

高橋慎一朗

高志書院選書 4

はじめに

現代日本においては、駅前商店街の衰退に象徴されるように、中心街が空洞化した都市が増加し、都市の中心が拡散しつつある。しかし、都市そのものが消滅するわけではなく、複数の中心を備えた巨大都市の形成も進み、ゆるやかなまとまりを持ちつつ「都市的」な生活スタイルを可能とする空間(すなわち、現代日本の都市)は、全国規模でその存在を確かめることができる。

現代日本の都市とは規模などの面で明らかに違いもあるが、ゆるやかなまとまりを持つという特色は、原則として市壁をもたず領域のあいまいであった中世日本の都市にも、相通じる面があるように思われる。また、日本の代表的な都市のなかには、その起源を中世に求めることができる都市も少なくない。

そうした意味で、中世都市の実態と、中世社会のなかでの都市の位置づけを探ることで、現代都市および現代社会を相対化する視点を獲得したい、というのが本書の目的である。

都市一般の特色の一つとして、「人々が高密度に集まって暮らす大規模な集落である」ということがあるが、中世都市に関してもやはり同じことが言えよう。高密度に人が住むということは、その背景に不断の人口流入がある、ということでもある。中世の都市は、さまざまな要因によって人々を引きつけることによって形成されていた。いわば、「求心力」を備えた集落であった。

また、重要な点は、集中居住が持続することによって中世都市は成り立っていた。有名な絵画史料『一遍聖絵』巻四に見える鎌倉時代の備前福岡の市場の賑わいは、都市の賑わいとほとんど差違はない。両者の差は、市場が限られた日時のみに出現する集中居住(営業)であるのに対して、都市は「定住」という長期間にわたる居住形態である、ということである。言い換えれば、市場的構造が持続することで、その空間は都市となっていたのである。すなわち、中世都市には「持続力」が必要であった。

本書のタイトル「中世都市の力」とは、中世都市が備えていた「求心力」と「持続力」という二つの力を意味している。そして、特に際だった「求心力」と「持続力」を見せた京都と鎌倉という都市に主として着目するとともに、中世都市の求心力の源泉ともなっていた寺社の位置づけを試みることにしたい。また、「中世都市の力」を借りて、現代社会を照射したいという願望も含まれている。具体的には、都市に集まった人々と、中世には現代よりはるかに大きな影響力をもっていた寺社を通じて、二つの力を考えていくことにする。

まず、Ⅰ部「都市に集う人々」では、なぜ人々は都市に引きつけられていったのか(1章・3章)、人口流入によってどのような問題が起こったか(1章)、という視角から、都市の求心力の実態を探るとともに、さまざまな人間関係が錯綜する都市生活を成り立たせていたシステム、たとえば地縁関係に基づく相互保証システム(2章)や、都市内の土地管理・借地料徴収の請負人(4章)など、都市の持続力を支えたものを明らかにしていきたい。
次に、II部「寺社に集う人々」では、都市の求心力という側面において、寺社の果たした役割・機能に注目するとともに(5章)、寺社そのものが求心力となって形成された都市(宗教都市・僧坊都市)を、中世固有の都市類型として位置づける可能性(6章・7章)を追求してみたい。さらには、都市内部の寺社が、「場所の記憶」の保存という役割を兼ね、都市の持続力に関わっていたことにも言及する(8章)。
以下、各章のもととなった論文の原題と、初出を記しておきたい。ご覧の通りにさまざまな媒体に発表したものであり、もともとその体裁にはばらつきがある。本書にまとめるにあたっては、可能な範囲で体裁の統一をはかった。内容に関しても、発表後の研究状況も踏まえて、若干の補訂・削除をほどこすとともに、多くの図版を新たに挿入している。
I部1章「中世の都市問題」(『歴史と地理』五五七号、二〇〇二年)
2章「鎌倉期の都市京都における『在地人』」(『日本史研究』四八一号、二〇〇二年)
3章「室町期の都市京都における長夫勤仕の実態」(義江彰夫編『古代中世の政治と権力』吉川弘文館、二〇〇六年)
4章「室町期京都の定使について」(『史学雑誌』一〇九編一一号、二〇〇〇年)
II部5章「寺社と中世都市」(佐藤信・吉田伸之編『新体系日本史6　都市社会史』山川出版社、二〇

〇一年）

6章　「中世寺院における僧坊の展開」（小野正敏・五味文彦・萩原三雄編『中世寺院　暴力と景観　考古学と中世史研究4』高志書院、二〇〇七年）

7章　新稿

8章　「中世鎌倉における将軍御所の記憶と大門寺」（『年報都市史研究』一一号、二〇〇三年）

中世都市の力❖目次❖

Ⅰ　都市に集う人々

1 中世の都市問題

はじめに

都市は、経済・政治の中心地である。中世の日本においては、京都や鎌倉をはじめとして、領主が拠点とする政治の中心地に都市が形成された。そして、領主によって徴収される年貢などの物品が都市へ流入したり、各地の物品が交換・売買される市場を都市内部に取り込んだりする形で、都市は同時に経済の中心地ともなっていた。

しかし、中世都市に流入したのは物品ばかりではない。多くの人間が都市へ、都市へと流入していったのである。「江戸は諸国の掃き溜め」とは、近世の人々が、人口集中の著しい巨大都市江戸を評してしばしば口にしたことばである。近世の江戸ほどではないにしても、中世の都市では大量の人口移動が見られた。

たとえば、中世最末期の京都冷泉町《れいせんちょう》の事例にその一端がうかがわれる。二条室町上ル冷泉町には、文禄《ぶんろく》二年(一五九三)十二月十三日付けの「家主衆《いえぬししゅう》指出控《さしだしひかえ》」(『京都冷泉町文書』)という史料が残されている。それによれば、文禄二年当時の町人たちの過半は、天正《てんしょう》期(一五七三〜一五九二)以降に冷泉町に移住してきたと考えられ、出身地として京都内の町のほか、近江坂本、近江石寺、奈良、山科などが記されている[吉田 一九九八]。このことは、中世京都の人口流動性の高さを推測させるものと言えよう。

そこで、中世都市における人口流入に注目し、それによって引き起こされる問題を、「中世の都市問題」として取り上げることとしたい。

1 都市京都における文化摩擦

都市への不断の人口流入という現象自体は、どの時代にも認められる共通の動きだが、中世において特徴的なことは、武家政権(鎌倉幕府)の成立によって発生した、公家政権の拠点京都への東国武士の大量流入である。

鎌倉時代には、多くの武士が幕府のもとに御家人として組織され、大番役《おおばんやく》のために上京したり、在京人《ざいきょうにん》として京都に常駐して篝屋《かがりや》と呼ばれる警備所に詰めたり、六波羅探題《ろくはらたんだい》とその被官たちが鎌倉から派遣されたりと、武士が恒常的に京都へ流入してくる構造ができあがった。

さらに室町時代には、幕府そのものが京都に置かれ、守護以下の有力武士たちが大量に京都に集

図1　武家の邸宅(『洛中洛外図屏風』米沢市上杉博物館所蔵)

住するようになったのである。『太平記』巻二十三には、「洛中ニハ武士共充満シテ、時ヲ得ル人其数ヲ不知《しらず》」と記され、戦国時代の京都を描いた各種の洛中洛外図屏風《らくちゅうらくがいずびょうぶ》には、有力武家の邸宅が大きく取り上げられている。

さて、中世には、京都を中心とする西国と、鎌倉を中心とする東国とでは、現在の我々が想像する以上に大きな社会・文化・習俗の相違があった〔網野 一九九八〕。また、本来戦闘を職能とする武士には、公家文化とは異質の価値観が備わっていた。

そうした「異文化」を背景に持つ武士たちが、新住民として都市京都に流入してきたことにより、旧住民たちとの間に一種の「文化摩擦」が生じたことは想像に難くない。そこで、まず中世都市における文化摩擦の問題を、最も先鋭的な形で表われたと思われる京都を舞台として見てゆくことにする。

一般に都市における文化摩擦は、旧住民(彼らの多くもまたかつては新住民であったのだが)が、都市へ移住してきた異文化を持つ新住民を、都市文化に順応できない「田舎者」として、嘲笑・蔑視することに対し、新住民が都市文化を受容しようとしつつも反発するという形をとる。

京都住民が東国から出てきた者を嘲笑することは、古くよりあったらしく、平安時代成立の藤原明衡《あきひら》著『新猿楽記《しんさるがくき》』には、京都で行なわれた猿楽の演目として「京童《きょうわらわ》の虚左礼《そらざれ》」と「東人《あずまびと》の初京上り《ういきょうのぼり》」があげられており、口先で洒落《しゃれ》をもてあそぶ京都住人(京童)の姿と、初めて京に上ってまごつく東国人の様子が対になって演じられたらしい。

右に関連すると思われるのが、平安末期に後白河法皇《ごしらかわほうおう》が編纂した歌謡集『梁塵秘抄《りょうじんひしょう》』のなかの一曲である[五味 二〇〇二]。すなわち、

東《あづま》より昨日来れば妻も持たず　この着たる紺の狩襖《かりあお》に女換《か》へ給《た》べ(四七三番)

という曲で、東国から昨日来たばかりの者が、妻がいないので、「自分の着ている紺の狩衣《かりぎぬ》と女性を交換してくれ」と唐突に望む、という内容である。都の市場での東国人の不躾《ぶしつけ》な行為をからかったものとされ、『新猿楽記』と同様に、京童の田舎者に対する嘲笑が主題である。

このように、東国から上京する者を京都住民がいわば「おのぼりさん」と見て嘲笑する風潮があるなかに、鎌倉時代に東国から大量の武士が流入してくるのである。彼らは新住民もしくは短期滞在者ではあるが、何と言っても武力を持ち、しかも都市京都の治安維持を担当する者たちでもあった。したがって、公家を中心とする旧住民たちは、正面からこの武骨な移住者に対して排斥運動を起こしたりはしないのであるが、公家的な教養・文化をぶつけて、からかいの対象としたのである。

2　『古今著聞集《ここんちょもんじゅう》』に見る文化摩擦

鎌倉中期に橘成季《たちばなのなりすえ》の編んだ説話集『古今著聞集』には、京都における武士をめぐる「文化摩擦」の説話がいくつか収録されている。

まず、「巻第十六興言利口第廿五」所収の「将軍入道頼経《よりつね》初めて上洛の時若女房《わかにょうぼう》奉行の武者に連《れん》歌《が》の事」という話を取り上げてみよう。その内容は次のようである。

将軍九条頼経が暦仁《れきにん》元年に鎌倉から上洛し、五条橋を渡るとき、白い直垂《ひたたれ》を着て姿かたちの立派な武士が行列を取り仕切っていた。この男が「ふみ」(文)を見て立っていたところ、清水寺《きよみずでら》に参詣する若い女房が通りかかり、男のそばへ近寄って、「たじろぐか　わたしもはてで　ふみみるは」と、歌を詠みかけた(「わたし」は、「橋を渡る」の意味と「手紙を渡す」の意味をかけた。「ふみみる」は、「踏みみる」の意味と「文見る」の意味をかける)。武士は、下の句をつけようとしていたが、よく分からなかったと見えて、「将軍のお渡りになる橋で、『たじろぐ』とは何事じゃ」と、大声で叱りつけたので、女房は恐ろしくなって早々に立ち去ってしまった。

将軍のお供で京都へやってきた一見立派そうな武士に、京都に住む若い女が歌を詠みかけたところ、武士はうまく答えることができず、高飛車《たかびしゃ》に怒鳴りつけたので、興醒《きょうざ》めした女はそそくさと立ち去ってしまった、という話である。歌のやりとりという、京都風の文化に対して、無粋な対応しかできなかった東国武士の姿が、軽い侮《あざ》けりの調子を含んで描かれている。
もう少し露骨な「からかい」の説話は、同じ「巻第十六興言利口第廿五」所収の「順徳院《じゅんとくいん》御時恪《かく》勤《ご》の者某大番の者を欺き高足駄《たかげた》にて油小路を通行の事」である。その内容を次に掲げてみよう。

順徳天皇の時代、ある家に仕える下級の従者たちが雑談をしていたが、「今度の内裏《だいり》警備の大番役はえらく厳しい」という話になった。すると、ある男が「私なら高下駄《たかげた》を履いて通ってみせよう」と言ったので、他の者たちは「無理だ、無理だ」と騒ぎ立て、賭《かけ》をすることになった。賭の賞品を定めて、大番役の詰所前まででかけ、皆で見守っていると、男はことさらに高い下駄を履いて、二条油小路《あぶらのこうじ》を南に行こうとする。武士が「あの高い下駄は何だ」と咎めるのを、聞こえぬふりで、あたりを睨み回しながら行こうとするので、武士が走り出て捕らえようとした。男は、「妙なことを言う大番役だ。興福寺南円堂《こうふくじなんえんどう》の寄人《よりうど》(職員)は下駄履きのまま通行できることを知らないのか」と言って、少しも動じない。主人の武士が、「おいおい、南円堂の寄人は下駄履きでもよいのだ。静まれ、静まれ」と、なまり声で声高《こわだか》に命じたので、走り出た武士もそのまま戻ってしまった。そうして何事もなく通過したので、皆は感心して男に賭の賞品をとらせた。順徳天皇がこのこと

図2　高下駄を履く異形の人物
(『融通念仏縁起』清涼寺蔵)

を耳にして、男を召し出してその様を再現させ、大変面白がったということである。

大番役の武士の厳しいチェックに反発した公家の従者が、「南円堂の寄人は下駄履きで内裏を通行できる」などという荒唐無稽《こうとうむけい》なきまりを信じ込ませ、高下駄を履いた不作法な姿のままで堂々とチェックをかいくぐった、という話である。

物知らずな新住民でありながら、内裏警備という職務を通じて圧迫を加える東国武士に対し、その無知をからかうことで溜飲《りゅういん》を下げる旧住民の姿がそこにある。主人の武士が「なまり声」で命じた、というあたりに、東国出身者への違和感や蔑視の視線が感じられる。なお、そうした武士へのからかいを、順徳天皇も大いに喜んでいるのであり、父後鳥羽《ごとば》上皇とともに幕府打倒の戦いを仕掛けた順徳の心情をよく示している。

興福寺南円堂の現況

上京した武士の引き起こす「文化摩擦」を、鎌倉幕府も懸念していたようで、「公家は洛中に、武家は六波羅に」という住み分けを徹底し、無意味な衝突を避けようとしていたようである［高橋一九九六ａ］。

3 『二条河原落書《にじょうがわららくしょ》』に見る文化摩擦

武士の政権である鎌倉幕府が倒れ、後醍醐《ごだいご》天皇を中心とする建武《けんむ》政権が成立すると、皮肉なことに、さらに多くの武士が新住民として京都に流入してくることになった。

『建武記《けんむき》』に収録される有名な『二条河原落書』は、建武二年(一三三五)ごろに京都二条河原に張り出された、京都住民による匿名の風刺文である。「此比《このごろ》都ニハヤル物、夜討強盗偽綸旨《にせりんじ》、召人《めしうど》早馬虚騒動《はやうまそらそうどう》……」と始まり、「京童ノ口スサミ、十分一ソモラスナリ」と結ばれるこの落書は、建武政権下の社会の混乱を描いたものとされてきた。しかし、その背後には、徹底した東国武士批判というもう一つの主題が潜んでいるのである〔村井 一九九四〕。

二条河原落書は、最近京都で目立つものを列挙するかたちをとっているが、流入してきた東国武士の行状と、彼らがもたらした文化が皮肉たっぷりに書き上げられている。

たとえば、「関東武士ノカコ(駕籠)出仕」は、武士の慣れない駕籠での出勤姿。「弓モ引《ひき》ヱヌ犬追物《いぬおうもの》、落馬矢数《らくばやかず》ニマサリタリ」は、武芸鍛錬の一つである犬追物における、散々な腕前。「誰ヲ師匠トナケレトモ、遍《あまねく》ハヤル小笠懸《こかさがけ》、事新《ことあたら》シキ風情《ふぜい》也」は、同じく武芸の一つである小笠懸が、物珍しさも手伝って、見よう見まねで行なわれる様子。「京鎌倉ヲコキマセテ、一座ソロハヌエセ連《れん》歌《が》」は、京都風と鎌倉風がごちゃまぜになって、全体の釣り合いが取れていない「インチキ連歌」。

「犬田楽《いぬでんがく》ハ関東ノ、ホロフル物ト云ナカラ、田楽ハナヲハヤル也」は、闘犬と田楽は関東で流行したもので幕府と共に滅ぶものと言われながら、なおも京都で田楽が流行する不思議さ。「茶香十炷《ちゃこうじゅっしゅ》ノ寄合モ、鎌倉釣ニ有鹿《ありしか》ト、都ハイト、倍増ス」は、十種茶や十種香はもともと鎌倉系統の遊技であったのに、これもまた京都でさらに盛んになっている有様。等々。

これらを見ると、新住民である武士が持ち込んだ武家文化が、公家文化を尊重するような旧住民には嫌悪・軽侮されるいっぽうで、「京鎌倉ヲコキマセテ」というくだりに表現されているように、旧住民の中にも武家文化を受容する動きが生まれて、都市京都全体として、大きな流行現象となっているさまが見て取れよう。

二条河原落書の作者は、新興の武家文化そのものに反発するだけでなく、新住民の文化によって旧来の文化が浸食されることを苦々《にがにが》しく思っていることは間違いなく、二条河原落書は公家社会に近い旧住民の立場を代弁しているものと言える。

4　食文化の違い

しかし、京都に出てきた東国武士を徹底的に笑いものにしている作品といえば、やはり『平家物語』巻八「猫間《ねこま》」が語る源(木曽《きそ》)義仲《よしなか》のふるまいであろう。そのあらすじは次の通りである。

ある時、猫間中納言光隆《ちゅうなごんみつたか》という公家が、相談することがあって義仲を訪ねた。義仲が「猫殿に、食事をお出ししろ」と命じると、びっくりするほど大きな田舎椀に飯をうずたかく盛りつけ、おかずと平茸《ひらたけ》の汁が出てきた。お椀があまりに汚いので、光隆が箸をつけるまねだけすると、義仲は「猫殿は小食ですなあ。さあさ、かき込んで」とせかすのである。すっかり嫌気がさした光隆は、何も言い出さずに帰ってしまった。そればかりではなく、義仲は牛車《ぎっしゃ》の乗り方を知らず大騒ぎし、牛飼いたちにも笑われるという始末。

ライバル源頼朝《よりとも》と対比させるために、義仲の田舎者ぶりがことさらに強調されているようにも感じられるが、ここに見られる東国武士に対する京都住民のどこか意地の悪い視線は、中世を通じて続いていくのである。

ところで、義仲の田舎者ぶりが食事の場面を中心に描かれていることは象徴的で、食文化の違いもまた、異文化を理解する際にしばしば障害となる。鎌倉時代の京都では、肉食に関して、公家と武家との間には対照的な観念が存在した〔原田 一九九三〕。鎌倉後期成立の歴史書『百錬抄《ひゃくれんしょう》』の嘉禎《かてい》二年(一二三六)六月二十四日条には、「武士たちが鹿の肉を六角西洞院《ろっかくにしのとういん》に集め置いて「完市《ししいち》」と号し、群集して食したため、洛中が穢れるという事態になり、とりわけ摂政九条道家《せっしょうくじょうみちいえ》の屋敷に隣接していたため、制止を加えることになった」という記事がある。肉食を好む武士の食文化と、肉食を「穢れ」と見て忌み嫌う公家の文化の衝突が生じていたのである。

ところが、公家藤原定家《さだいえ》の日記『明月記《めいげつき》』の安貞《あんてい》元年(一二二七)十二月十日条には、「かつて自分が子供の時代には兎や山鳥は青侍《あおざむらい》の食物であったが、近年は公家も山鳥、猪を食し、狸を食す者もいる」と記されている。公家の従者たち(青侍)は、早くから肉食の習慣があったことがわかるほか、定家は批判的ではあるが、公家たちの間にも肉食が広まりつつあったことが示されている。さらには、戦国時代には公家社会で汁を囲んでの寄合が流行し、とりわけ狸汁が好まれたという[川嶋一九七六]。

観念上はともかくとして実態としては、なし崩し的に肉食が京都内に定着していったようであり、いつしか肉食をめぐる文化摩擦は解消に向かったものと思われる。

5　共生への道

京都住人の武士への反発は、文化摩擦という側面のみならず、都市支配者として武士が住人の生活に干渉することへの反発であることも確かである[高橋一九九六b]。それでもなお、根本には東国人の文化に対する無理解・蔑視が横たわっている。逆に東国から京都へ移住した者は、京都文化に対するとまどいから、旧住民への不信感を募らせることとなる。かくして、文化摩擦は都市における不協和音となるのであるが、時間をかけて異文化を理解することで、「共生」もまた可能である。そのことを示すのが、次に掲げる兼好《けんこう》著『徒然草《つれづれぐさ》』の第百四十一段(岩波書店『新日本古典文学大系』による)である。

悲田院《ひでんいん》の堯蓮《ぎょうれん》上人は、俗姓は三浦のなにがしとかや、左右《そう》なき武者也。故郷の人の来て物語りすとて、「吾妻人《あづまひと》こそ、言ひつる事は頼まるれ。都の人は言受《ことう》けのみよくて、まことなし」と言ひしを、聖、「それはさこそおぼすらめど、をのれは宮《みや》こに久しく住み馴れて見侍《みはべる》に、人の心劣れりとは思侍《おもい》らず。なべて心やはらかに、情《なさけ》あるゆへに、人の言ふほどの事、けやけくいなびがたくて、よろづえ言ひ放たず、心よはく言受けしつ。偽りせんとは思はねど、乏しく、叶はぬ人のみあれば、をのづから本意通らぬこと多かるべし。吾妻人は、我方なれど、げには心の色なく、情けおくれ、ひとへにすくよかなる物なれば、初めより、『いな』と言ひてやみぬ。賑ひ豊かなれば、人には頼まるゝぞかし」と、ことはられ侍しこそ、此聖、声うちゆがみ、あら〳〵しくて、聖教《しょうぎょう》のこまやかなることはり、いとわきまへずもやと思ひしに、この一言葉の後、心にくゝなりて、多かる中に寺をも住持せらるゝは、かくやはらぎたるところのありて、その益《やく》もあるにこそと覚え侍し。

京都悲田院の堯蓮上人は、東国武士三浦氏の出身だったが、同郷人が訪ね来て「東国人の言うことは信用できるが、都の人は口先ばかりで信用できない」と言うのに対し、「京都人の心が劣るとは思えない。心やさしく情けがあるために、きっぱりと拒絶できないのだ。嘘を言うつもりではなく、単刀直入に意思を伝えられないだけだ。逆に東国の人は、心の細やかさに欠けぶっきらぼうなので、初めから『駄目だ』と言い切ってしまう」と説明した、という話である。

東国から出てきたばかりと思われる「故郷の人」は、京都住民のあいまいな返事ぶりにいらだちを隠さないが、婉曲《えんきょく》な返事は、日頃より頻繁《ひんぱん》に顔を合わす都市民特有のコミュニケーション術とも言える。そうした「異文化」を堯蓮上人は長年の京都生活の中で理解し、冷静に批評を加えているのである。加えて注目すべきことは、堯蓮上人が、京都文化に完全に同化してしまうのではなく、東国人を「我方」と呼び、「声うちゆがみ、あらあらしくて」と評されるような東国武士風の話し方をして、依然として東国文化をも維持していることである。

堯蓮上人のように、自文化を失わず異文化を深く理解することこそ、文化摩擦を乗り越える最良の手段であるが、それはまた、「久しく住み馴れて」こそ初めて可能になるのであり、一朝一夕には成し難いであろう。知識人に属する筆者の兼好も、この一言を聞くまでは、荒っぽい話し方の堯蓮上人には経典の細かいニュアンスはつかめないだろうと、ひそかに軽侮していたのであるから、現実問題として文化摩擦の完全な克服はなかなかに難事業であろう。ただし、先に『二条河原落書』や肉食に関して触れたように、中世の都市は、新奇な異文化を流行現象として取り込んでしまう包容力も持ち合わせていたことを忘れてはなるまい。

6　人口流入と人身売買

文化摩擦の問題を中心に見てきたが、人口流入に伴う他の「都市問題」にも目を向けておこう。鎌倉時代の都市鎌倉では、都市領主である幕府から、しばしば法令が出されている。「編み笠をかぶって鎌倉中を通行することは禁止」、「博打は禁止」、「家のひさしを道にせり出させることは禁止」

など、多方面にわたる禁令がくりかえし出され、鎌倉は「息のつまりそうな町」にも見えるが、禁令が何度も出ていること自体、禁令が守られなかったことを物語っている［石井 一九八三］。むしろ、禁令の内容からは、当時の都市鎌倉において、何が「都市問題」と認識されていたかを知ることができると言えよう。

幕府は鎌倉を「保《ほう》」という単位に分けて、それぞれに担当の奉行人（役人）を置き、取り締まりなどを命じていた。延応《えんのう》二年（一二四〇）二月二日に出された幕府法（岩波書店『中世法制史料集』追加法一二一〜一二九条）では、旅人への警戒、盗人・辻捕《つじとり》・悪党・押買《おしがい》という犯罪の禁止、行商の制限、道路への家屋のはみ出しの禁止、辻での琵琶法師や相撲の禁止などが、保の奉行人に命じられている［松山 一九七六］。

都市への人口流入という点では、「旅人への警戒」がもっとも直接に関連する条項であろう。都市では不断の人口流入があるため、犯罪者や浮浪人などが紛れ込みやすい。したがって、不審な旅人に対しては常に警戒をする必要があるのだが、実際には流入する旅人を完全に把握できたとは思えない。いずれにせよ、人口流入による治安の悪化は、都市問題の大きな要素であったことは間違いない。

このほかに、都市鎌倉において問題となった犯罪として人身売買があげられる。鎌倉中期の建長《けんちょう》年中のものと思われる鎌倉幕府法（『中世法制史料集』追加法三〇九条）に、「人商人《ひとあきうど》、鎌倉中ならびに諸国の市《いち》の間、多く以てこれ有りと云々。自今以後、鎌倉は保の奉行人に仰せ、交名《きょうみょう》の注申に随って、追放せらるべし。諸国に到りては、守護人に仰せ科断せしむべし」とある。「人商人」すなわち人身売買を職業とする者が、鎌倉や諸国の市場で暗躍していたことが判明する。鎌倉に関しては、人商人のリストを作成して鎌倉から追放するように、保の奉行人に命じている。

中世は人までが商品になった時代で、もっとも中世的な商人が人商人だとも言われる〔笹本二〇〇二〕。諸国を対象に、人身売買を禁止する鎌倉幕府法がたびたび出されており、中世社会で広く見られた犯罪とも言える。しかし、やはり、その売買の現場は都市もしくは都市内の市場が中心であったと考えられる。たとえば、中世末期成立の説教節『さんせう太夫』は安寿《あんじゅ》と厨子王《ずしおう》の物語として有名だが、彼らは越後の直江津《なおえつ》（越後府中）という都市で、山岡太夫という人商人に騙されて売り飛ばされてしまうのである。山岡太夫が、都市越後府中に流入する弱者を捕獲し、良港直江津を拠点とする水上交通網にのせて売りさばいていたのである。

また、建長元年（一二四九）七月十三日関東下知状《げちじょう》（『相良家文書』。『鎌倉遺文』七〇九一号）によると、肥後の相良頼重《さがらよりしげ》は、裁判の相手方から、「下人《げにん》二人を捕らえ、そのうちの一人を鎌倉において売買しようとした」として非難されている。わざわざ、肥後から連れ出して鎌倉で売買しようというところから、鎌倉がいかに人身売買の市場として「繁栄」していたかわかるというものである。

そもそも、都市に多くの人間が流入するのは、都市には多くの労働需要が存在するからである。都市において雇用・生業を得ることを目指して、何らかの理由で他所での生活の拠点を失った者（犯罪者なども含まれる）も、流入してくるのである。そこで、あてもなく流入する人間を捕獲し、労働力を欲する側に手っ取り早く提供して利益をあげる闇商売人、つまり人商人が都市に出現するわけである。

中世後期の社会に題材をとった狂言『磁石』には、そうした中世都市における人商人の姿が登場している。その概要は次のようである(岩波書店『日本古典文学大系　狂言集』による)。

図3　大津の町(『一遍聖絵』東京国立博物館蔵)

まず、「遠江の国見付《みつけ》の宿の者」[1]が登場する。見付の者は都を見物に行く途中、近江で「坂本の市」に立ち寄り、あれこれと見物して回る。そこへ現われたのが「大津・松本のあたりを走り廻る素直でない者でござる」と名乗る人売りで、「ここに田舎者らしき者が、売物に見入っている。ちと当たってみよう」と、見付の者に目をつける。人売りは、あれこれ話しかけ、「今宵は私の定宿へ来て泊りなさい」と、見付の者を知り合いの宿へ連れ込む。見付の者が寝ている間に、人売りは「今朝坂本の市で、よい若い者をだまして連れて参り、表の座敷へ寝かせておきました」と商談をもちかけ、二十疋で亭主に売る。盗み聞いた見付の者は、人売りになりすまして二十疋を亭主からだまし取って逃亡する。翌日人売りに発見され太刀で斬りかかられるが、見付の者は、自分は「磁石の精」であるから、太刀を飲み込んでしまうぞ、とおどかし、逆に太刀を奪って人売りを追い払う。

人売り(狂言での役名は「すっぱ」。詐欺師の意味)は、大津や坂本などの都市に網をはり、「田舎者」を餌食にして売りさばいているのである。「市」が人商人にとっても「仕入れ」の場となっているのは、都市の中でもとりわけ不特定多数の人間が集まってくる場であったからであろう。都市支配者の側からは、都市に流入してくる人々は警戒の対象であったが、都市に入ろうとする人間の側も、辻捕や人身売買などの生命の危機に対して警戒をする必要があったのである。

おわりに

本章では、中世都市において人口流入がもたらす問題として、主に文化摩擦と人身売買を取り上げた。現代社会では、グローバル化(国家の枠を越えた社会の拡大現象)ということが特徴となっており、都市の多民族化と多文化化およびそれを踏まえた多文化共生が現代の「都市問題」の一つとなっていると言えよう[藤田・吉原 一九九九]。中世の都市京都では、スケールはかなり小さいが、東国武士の流入による文化摩擦という問題と、異文化を受容し共生へ向かう動きとが見られた。いわば、現代にも通じる「中世の都市問題」である。いっぽう人身売買は、京都に限らず中世都市一般がかかえる問題であったが、その残酷さは中世固有の問題であり、現代に通じてはならない「中世の都市問題」と言える。

もちろん、論じ残した問題も多い。都市の人口集中が必然的にもたらす火災・水害などについては別の機会に言及したが〔高橋 二〇〇八〕、そのほかにも、治安維持、ごみ処理、宅地の不足、都市域の拡大、墓地などがあげられる。それらの問題の多くは、中世都市おける人口流入とそれに伴う人口稠密《ちゅうみつ》化が密接に関連していると思われる。そして、人口流入を可能にした都市における雇用の問題や、都市と田舎の交通の問題にも、視野を広げていくことが必要であろう。

註

（1）見付は現在の静岡県磐田市に存在した中世都市で、『磁石』は見付に関する史料としても著名である。中世都市見付と一体のものであった「一の谷中世墳墓群遺跡」は、市民・学界の保存運動にもかかわらず、破壊されて住宅地となってしまった。

2　鎌倉期京都の地縁関係

はじめに

「町」(ちょう)は近世都市の基礎単位とされるが、その存在自体は中世にさかのぼって見出すことができる。たとえば仁木宏氏によれば、室町時代の十五世紀末の京都には、洛中の町(両側町)が地縁的組織として一定の成長を遂げており、やがて十六世紀に至って地縁的・職業的共同体へと発展したという[仁木 一九九七]。すなわち、町共同体の成立である。

仁木氏の指摘する十五世紀京都の地縁的な共同行動は、史料上は「町人」の共同行動として現われている(『康富記《やすとみき》』応永二十五年(一四一八)七月二十六日条など)が、これに先行する延文《えんぶん》六年(一三六一)には、八条院町《はちじょういんまち》における「在地人《ざいちにん》」の地縁的な共同行動が認められる(『東寺百合文書《とうじひゃくごうもんじょ》ム』学衆方評定引付《がくしゅうかたひょうじょうひきつけ》、延文六年六月三日条。『大日本史料 第六編之二十三』所収)。

それでは、さらにさかのぼって鎌倉時代の京都ではどうであろうか。かつて林屋辰三郎氏は、京都における《市民》の形成過程を「京戸《きょうこ》」→「京童《きょうわらわ》」→「町衆《まちしゅう》」→「町人《ちょうにん》」という四段階で考えることを提唱した〔林屋 一九六四〕。林屋氏は、十五世紀初頭の応永《おうえい》〜嘉吉《かきつ》期に商・手工業者が町々に組織され町衆として登場するとし、それ以前の「京童」を孤立—分散的な存在ととらえている。しかし、十世紀ころより、京中の「保《ほう》」(条坊制の行政単位)において、保内に定着している有力者を「保刀禰《ほうのとね》」に任じて行政の末端を担わせていることからもわかるように〔黒田 一九九六、五味 一九七三〕、鎌倉時代以前においても、居住地が近隣であるということに基づく人間関係が、ある程度構築されていたことは確かであろう。

したがって、鎌倉時代の京都においては、町が地縁的組織として機能していたとまでは言えないものの、地縁関係そのものは当然存在していたと思われる。ここで言う「地縁関係」とは、近隣に居住することを主な要因として相互に関与するような人間関係を意味している。

すでに、北村優季氏は、鎌倉時代に先行する十二世紀の京都に、「在地」と呼ばれる地縁関係が新たに成立したこと、庶民の人間関係が「在地」として公的な効力を発揮するのはこの時期が最初であったことを指摘している〔北村 一九九五〕。

また、鎌倉期の村落における「在地」について考察した田村憲美氏は、当初は隣保的関係を表わす概念であった在地が、鎌倉後期には客体化した存在へ変化し、村落の法人格の起点となったことを明らかにしている〔田村 一九九四〕。さらに田村氏は、鎌倉期における「在地人」の生き生きとした活動はむしろ京都・奈良などの都市において見出される、と述べている。もちろん、村落における在地と、都市における在地とでは、それぞれが基盤とする領域の性格に違いがあり、完全に同一視することはできないが、鎌倉期に「在地人」と称される地縁に基づく人間関係が存在したことは、村落・都市に共通の現象であろう。

以上より、鎌倉時代の都市京都における地縁関係は、史料上に「在地人」として表わされていると、とりあえずは想定できよう。しかし、その具体相は必ずしも明らかにはされていない。そこで本章では、「在地人」がどのような構造を持ち、どのような機能を果たしていたかを探り、鎌倉期京都の地縁関係として認めうるか否かを検証し、都市住人の系譜の中に位置づけることにしたい。なお、在地人について特に史料上の表記であることを強調したい場合には、「在地人」と表記する。

1　紛失状に見える「在地人」

紛失状とは、平安時代に登場する文書様式で、火災・盗難などにより文書を紛失した場合に、その文書の効力を否定し、代わりに作成する新文書に法的効力を付与することを記した文書である［佐藤一九九七］。紛失状は、記載事項の確認を求めて公権力に提出され、事実を確認したという文言と確認者の署名・花押（紛失証判）が記入された後に、申請者に返却される。

平安後期の十世紀から十二世紀の京都においては、在地人と共に保の代表者である保刀禰が紛失状や売券《ばいけん》に証判を加え、さらに京職《きょうしき》（都城を管理する官司）の証判を申請していたが、十二世紀ころより保刀禰の活動は消滅に向かい、かわって保官人《ほうのかんじん》（京中の保を分担で受け持つ検非違使《けびいし》）が証判を加えるようになるという［五味 一九七三］。

引き続き鎌倉時代の京都でも、紛失状には在地人と保官人の証判が加えられるのが一般的で、さらに鎌倉後期以降は、保官人だけでなく官人（検非違使）全員が連名で証判をする形式もみられるようになる［大村 二〇〇六a］。

この紛失状に証判を与えるという活動は、鎌倉時代の在地人の機能として、もっとも顕著なものである。そこで、本節では、鎌倉時代の紛失状に現われた「在地人」の分析を通じて、在地人の構造を解明していくことにしたい。

なお、在地人の証判がある紛失状の事例を年代順にまとめたものが「表　鎌倉時代京都の紛失状に見える在地人証判(1)」であり、事例を取り上げる際には表中の番号をもって「事例1」のように表記する。

(1) 文書紛失者と在地人の関係

最初に、基本的な事実の確認作業からはじめる。それは、文書を紛失した者と、確認の証判を与える在地人とは、どのような関係にあるか、ということである。換言すれば、紛失状に証判を与える在地人は、どのような場に関しての近隣住人であるのか、ということになる。

在地人が確固たる地縁共同体であれば、当然のことながら文書を紛失した者の居住地における近

表　鎌倉時代京都の紛失状に見える在地人証判

番号	年月日(西暦)	文書名	出典	『鎌倉遺文』巻―番号	在地人名	備考
1	承久三・七（一二二一）	平信正文書紛失状案	東寺百合文書へ一	五―二七八九	橘行憲 佐々木助友 菅原友吉 平為末 紀守永 藤原安則 藤井国正 藤原友末 大春日友光 伴国恒 左兵衛尉志葛原友末 左近将監藤井正依 伊勢権守平末貞 沙弥入阿弥陀仏 僧仁円	
2	承久三・八（一二二一）	沙弥入願文書紛失状	大徳寺文書	五―二八二二	藤原国永 藤原吉松 丹波宗友 丹波宗広 橘助清 丹波宗正 藤井重清	七日保下司の署判あり
3	寛喜三・六・一九（一二三一）	常善等連署文書紛失状	東寺百合文書ヱ三(三)	六―四一六六	沙弥常善 沙弥蓮如 武蔵権守磯部末友 海末時 紀国景	

4	弘安四・五（一二八一）	某文書紛失状	妙心寺文書（東京大学史料編纂所影写本）	未収	藤井延弘 僧尭円 藤井行重 沙弥聴阿 比丘尼念阿	官人の署判あり
5	弘安六・八（一二八三）	沙弥行照文書紛失状	旧越前島津家文書	二〇―一四九三五	散位平朝臣具繁 前周防守源朝臣惟行 前左馬助源朝臣仲忠 木工権守平朝臣繁高 造酒正中原朝臣師冬 助教中原朝臣師経 前刑部権大輔高階朝臣経茂	官人の署判あり。文書の文言は「隣里」
6	正応二・二・二〇（一二八九）	徳三郎末継文書紛失状	九条家文書	二二―一六八九〇	藤原国光 刑部三郎光信 二郎国定 白河殿	在所は二二―一六八九八を参照
7	正応四・四（一二九一）	中原氏女文書紛失状案	東寺百合文書リ一八	二三―一七六〇六	紀国弘 沙弥寿阿 清原信高 沙弥本智 沙弥蓮性 沙弥蓮実 宇治安延 沙弥道願	京職・官人の署判あり
8	乾元二・六・二（一三〇三）	針小路猪熊在地人紛失状案	東寺百合文書ツ一一（二）（『鎌倉遺文研究』一二号、四九八）	未収	藤井国安 伯木国貞 沙弥行仏 僧歓阿 藤井国継 平行重 宇源次 藤井真行 藤井国成	

9	延慶四・三・二（一三一一）	沙弥観阿文書紛失状案	東寺百合文書ヰ一六（『鎌倉遺文研究』一五号、六七一）	未収	尼妙蓮 沙弥蓮智 僧淵豪 僧快算 沙弥智阿弥陀仏 沙弥南無阿弥陀仏 沙弥了阿弥陀仏 僧栄意 沙弥音阿弥陀仏 僧大智	官人の署判あり
10	正中二・閏一・二五（一三二五）	藤原氏女文書紛失状	田中穣氏旧蔵典籍古文書四四一（国立歴史民俗博物館所蔵）	未収	性過 宗光 浄行 得阿弥陀仏 末行 貞義 常仏 道円	官人の署判あり
11	元徳一・一一・一六（一三二九）	沙弥妙阿文書紛失状	東寺文書射七（上島有編『東寺文書聚英』）	未収	賀茂国弘 沙弥善阿 藤井宗弘 沙弥覚円 沙弥浄円 藤井国重 藤井友重	官人の署判あり
12	元徳三・二（一三三一）	尼見考文書紛失状案	東寺百合文書京三八	四〇―三一三六八	（七条坊門町在地人）円性 立信 教阿 蓮阿 国定 国吉	官人の署判あり

					友光 堯阿（八条猪熊在地人） 寺阿ミ 定円 京人 かもの国貞（れん地） する゙吉	
13	元弘三・一一（一三三三）	慈快文書紛失状	東寺百合文書ヱ九二（八） 東寺百合文書せ一一（一）	未収 四二―三二七三 六	善友 日奉延弘 定任 豪□ 隆快 浄円 南無阿 定快	官人の署判あり

隣住人が、在地人として証判を与えることになろう。しかし、在地人の実態が未解明の現段階で、無条件に決めてかかるわけにはいかない。紛失状に記載される空間としては、次の三つの地点があげられる。

①文書紛失者（文書保有者）の居住地。

②紛失した文書が権利を保証する物権（田畠・屋地等）の所在地。

③文書紛失事故（火災・盗難等）の発生現場。

右の三地点のいずれかの在地人が、紛失状に証判を与えていると考えられる。

表にまとめた在地人証判の事例の総数は一三例であるが、在地人の居住地を明確に記すことはまれであったようで、わずかに二例のみである。

まずは、証判を与えた在地人の居住地が記され、彼らがいかなる内容について確認を行なっているかという点も明らかである、事例12を見てみたい。次に紛失状の読み下しを掲げる。


比丘尼見考申す。

早く、兄弟ならびに近隣在地、及び御保務等諸官の御証判を賜り、将来の亀鏡に備えんと欲す、私領左京八条以南、猪熊西頬半町計りの敷地、口南北捌丈余、奥東西貳拾丈の間の事。

右の地は、見考数代相伝の間、管領今に相違無し。ここに件の手継証文等、見考舎弟蔵人坊木深の住坊、七条坊門町以東、北頬に預け置くの處、元徳二年九月十二日木深ならびに妻女以下、夜討せらるるの間、木深親父妻女の母儀、彼の土倉に合封を付し、百箇日以後、概ね遺物を支配せしむるの處、今年正月二日夜、強盗の為に彼の住坊遺財を運び取られおわんぬ。よって件の券契紛失せしむるの条、顕然の上は、向後もし彼の文書を以て子細申すの輩出来せば、速やかに強盗人に處さるべし。しからば、早く実正に任せ、御証判等を賜り、末代証鏡に備えんがため、紛失状を立つること件の如し。

　元徳三年二月　日　　　比丘尼見考 在判
　　件の條、実に依り署判を加う。

　　　大法師木頼 判

沙弥道元 在判

大法師長厳 在判

七条坊門室町と町の南北の面、在地人等判を加う事。蔵人公宿所に去正月二日夜強盗入タル事顕然なり。元徳三年二月日

（八名署判略）

件の地管領顕然の間、署判を加う。

八條猪熊在地人

（五名署判略）

（官人七名証判略）

右の紛失状によると、尼見考が所有する八条猪熊《いのくま》の地についての文書を、七条坊門《ぼうもん》町の舎弟《とねり》蔵人《くろうど》坊木深《ぼうもくしん》に預けたところ、木深は夜討ちに遭って死亡、遺族が土倉を封印している間に盗人が入り、文書も紛失したという。

先の分類によれば、①文書紛失者の居住地は不明、②物権所在地は八条猪熊、③事故発生現場は七条坊門町、ということになる。①は、②と同一である可能性もあるが、確証はない。

紛失状作成者の見考の署判に続いて、親族と思われる三名が加判し、次に、③の七条坊門町の在地人八名が署判をしている。彼らが保証する内容は、「盗入タル事」すなわち紛失事故発生の事実である。その後ろには、②にあたる八条猪熊の在地人五名が署判を加えている。彼らが保証するの

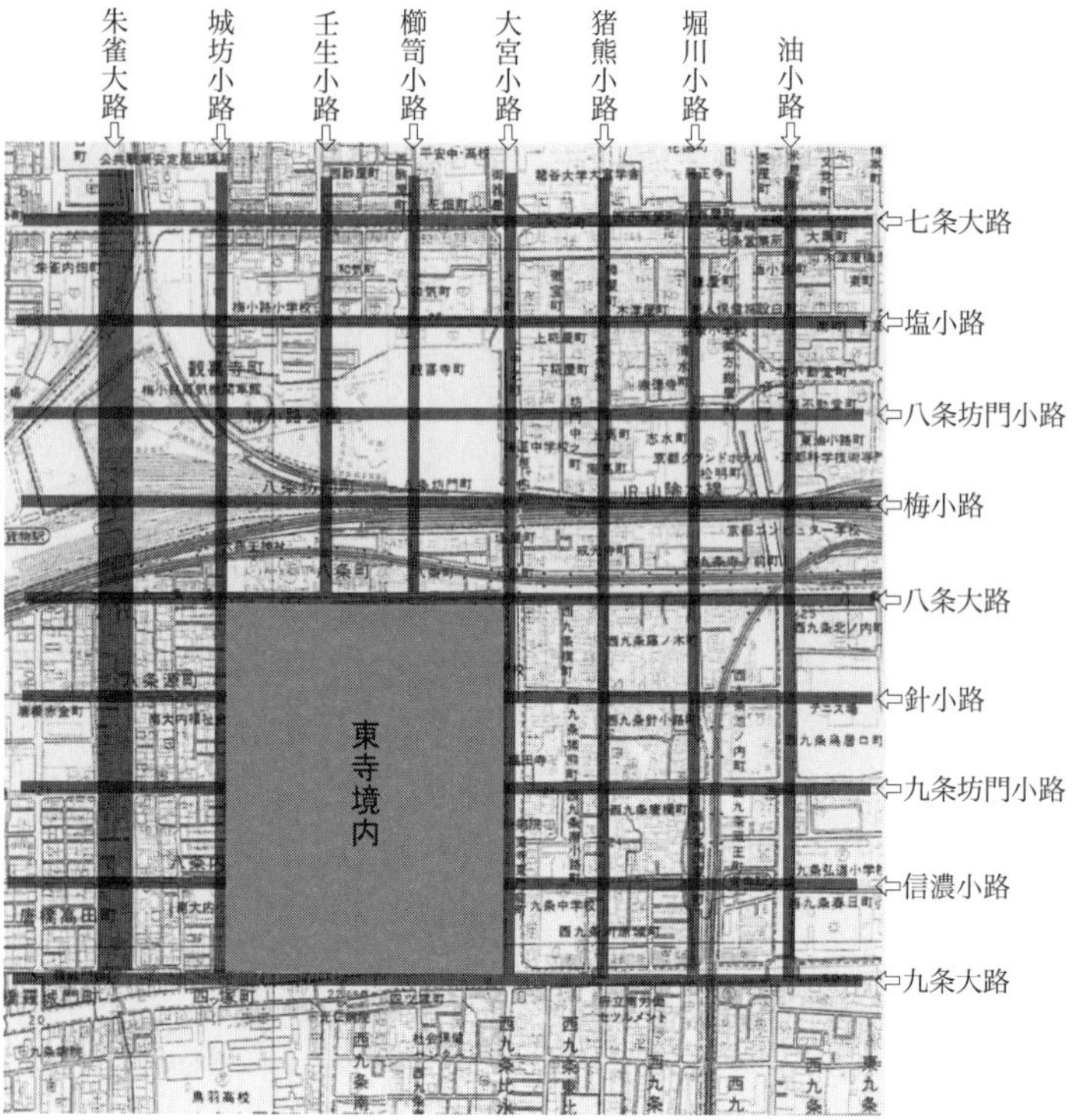
朱雀大路
城坊小路
壬生小路
櫛笥小路
大宮小路
猪熊小路
堀川小路
油小路
七条大路
塩小路
八条坊門小路
梅小路
八条大路
針小路
九条坊門小路
信濃小路
九条大路
東寺境内

図1　八条周辺図

は、「件の地、管領顕然」すなわち見考が土地を保有しているという事実である。なお、五名のうちの「するゑ吉」という人物には「れん地」という肩書きが付されているが、あるいは「連地」の字を宛て、問題の物権の隣地に居住していることを意味しているのではなかろうか。

以上のように、事例12においては、証判を加えた「在地人」は、③〈文書紛失事故の発生現場〉と、②〈文書が保証する物権の所在地〉の、近隣住人であり、それぞれが保証する内容もその場の性格に対応して異なっていた。

次に、在地人の居住地が明記されているもう一つの例、事例8を見てみる。

この文書は、文書紛失者が直接作成した紛失状ではなく、紛失者の要請により「在地人」が作成したもので、紛失状の証判部分を独立させたような文書である。

文書の内容は以下の通りである。文書紛失者(関連文書によれば「七郎入道」という人物である。[2] 住所は明らかではない)は、八条朱雀に存在する田地の権利文書を、八条猪熊に住む浄澄房《じょうちょうぼう》に質入れして借金をしていたが、火事のために質物の文書も失われてしまった。文書紛失者の七郎入道は、問題の田地を売却しようとしたのだが、買い手側が「在地紛失状」がなければ買わないと主張したため、在地人がこの紛失状を作成したのである。

さて、文書を預かっていた浄澄房の住所は、八条猪熊であった。[3] いっぽう、証判を加えた在地人は、文書冒頭で「針小路猪熊在地人等」と名乗っている。針小路は、八条大路の一本南の小路であり、浄澄房の住所のごく近くということになる。おそらく浄澄房の居住地も、正確には針小路猪熊と八条猪熊の中間地点と考えるべきであろう。よって、先の関係地点の分類に従えば、①は不明、②は八条朱雀、③は針小路猪熊(八条猪熊)、ということになる(図1参照)。

この事例では、証判を加えた在地人は、③〈文書紛失事故の発生現場〉の近隣住人であった。

このほか、在地人証判の事例のうち、在地人の居住地は明記されていないものの、推測が可能な事例が五件ある。以下、各事例において、在地人の居住地が①〜③のいずれにあたるか、概略を示そう。

〈事例1〉

①不明、②左京八条三坊四町、③宇治三室津《うじみむろつ》。在地人証判の前に「件の地は、右近将監平信正の私領の条明白なり。よって年来居住の間、未だ牢籠の由を聞かず」とあり、物権保有の事実に対して保証しており、在地人の居住地は②と思われる。

〈事例5〉

①不明、②播磨国下揖保庄《しもいぼのしょう》、③持明院北大路《じみょういんきたおおじ》。証判を加えた人々が造酒正《みきのかみ》や木工権頭《もくごんのかみ》などの官人であり、その居住地が播磨ではありえず、在地人の居住地は③と思われる。

〈事例7〉

①信濃小路東洞院《ひがしのとういん》、②山城国紀伊郡内(十三ヶ所)、③信濃小路東洞院。十三ヶ所の田地についてすべて近隣住人の証判を得ているとは考えがたく、在地人の居住地は①＝③(信濃小路東洞院)と思われる。

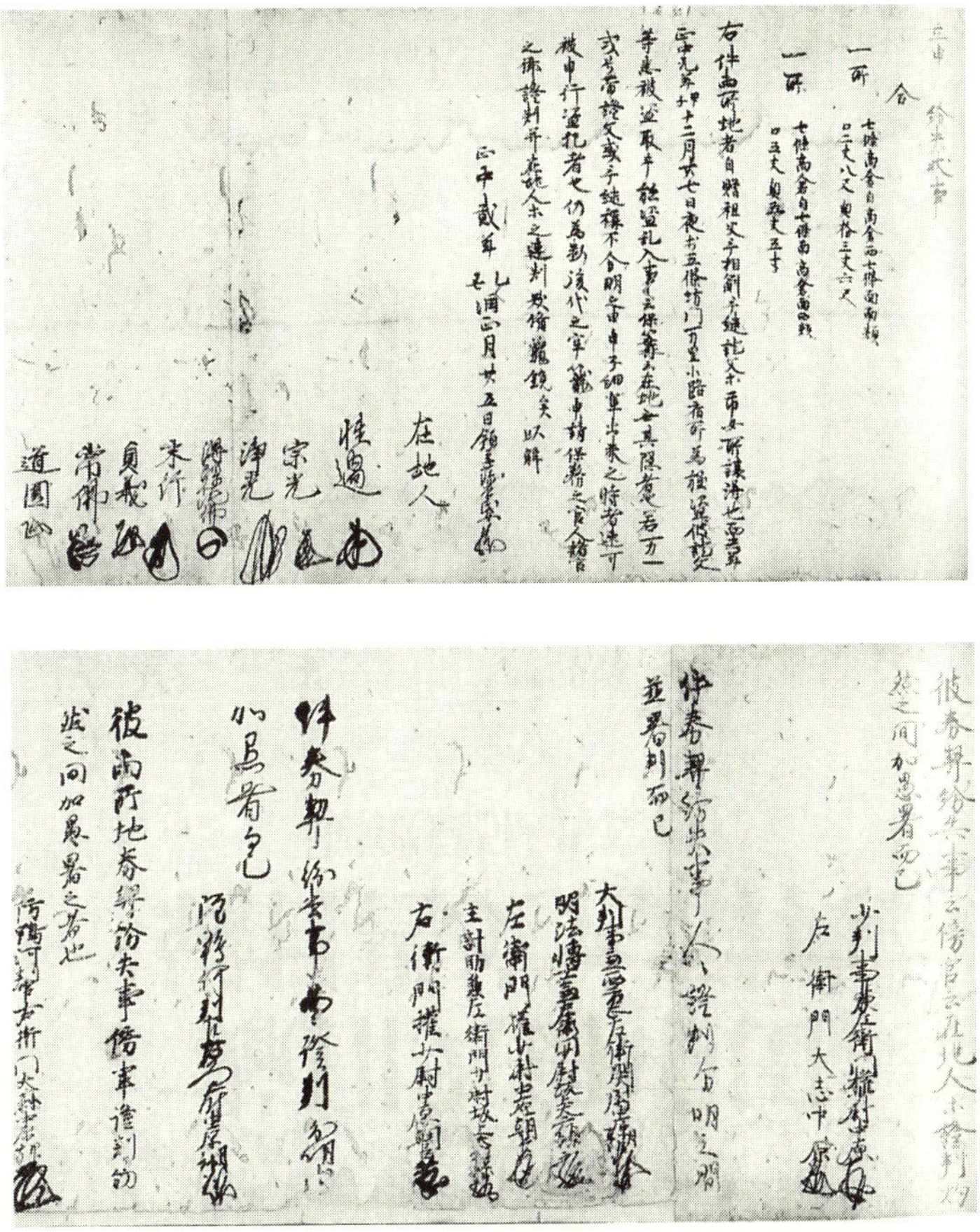

図 2　正中二年閏正月二十五日　藤原氏女紛失状（国立歴史民俗博物館蔵）

〈事例10〉

①五条坊門万里小路《までのこうじ》、②七条高倉(二ヶ所)、③五条坊門万里小路。本文中に「強盗乱入の事、保篝と云い、在地と云い、其の隠れ無き者なり」とあり、紛失事故の事実を確認していると思われ、在地人の居住地は①=③(五条坊門万里小路)と推測される。

〈事例13〉

①七条、②洛中十九ヶ所、③七条。事例7と同様、散在する十九ヶ所の田畠屋敷について、それぞれの近隣住人の証判を得たとは考えがたく、在地人の居住地は①=③(七条)と思われる。

いままでの七つの事例をまとめてみると、紛失状に証判を加える在地人の居住地は、①=③が三例、③が二例、②が一例、②+③が一例であった。すなわち、紛失状の証判には、③〈文書紛失事故の発生現場〉の在地人が関与することがもっとも多く、結果的にその場所が①〈文書紛失者の居住地〉と同一であることもしばしばであった、と考えられる。しかし、②〈紛失した文書が権利を保証する物権の所在地〉の在地人が関与する場合もあり、この場合は、在地人は必ずしも文書紛失者の近隣住人ではない。

したがって、紛失状に証判を加えた在地人は、文書紛失者の居住地の近隣住人としてではなく、むしろ文書紛失者が主張する物権の所有や事故の発生の証人として関与しているのである。換言すれば、文書の内容や紛失事故の経緯によって、その都度証判する在地人が変化しうるわけで、在地人と文書紛失者の関係は、きわめて流動的なものであった。

ただし、文書紛失事故は、文書保有者の自宅で発生することが多い。当然ながらその場合は、自宅の近隣住人が在地人として証判し、日常的な地縁関係が背後に存在することになる。また、ある地点についての事実を、近隣の在地人が確認することが、対外的な保証となっていることから、在地人が確固とした地縁組織ではないものの、近隣地点の事象について責任を持つ、地縁関係として充分機能していたことは明らかである。

(2) 在地人の構成

紛失状に証判を加えている在地人は、どのような人々で構成されていたのであろうか。先に掲げた表の「在地人名」の項目によって、考察を加えてみたい。

まず署判をしている在地人の人数は、五名から一五名と、事例によりまちまちであり、人数の多少には特に意味を見出すことはできない。

次に、在地人の名に注目してみよう。概して、姓を持つ者、僧侶、沙弥を名乗る者が多いことが指摘できる。姓を持つ者の中には、左近将監、伊勢権守、武蔵権守、前周防守などの官途を持つ者も見られる。また、藤井、紀などの下級官人に特有の姓を持つ者が顕著である。これらのことから、姓を持つ在地人は、朝廷に出仕する下級官人層が主体であると推測できよう。沙弥を名乗る者の中にも、官人が隠居・出家した者たちが含まれていたことは、想像に難くない。

なお、事例5では、証判を加えた在地人すべてが「朝臣」を名乗る官人たちであるが、彼らの住む持明院北大路という地域が、官人たちが集中的に居住する場所であったことを示すものと思われる。同じように、事例9では、僧侶と沙弥のみによって「在地人」を構成しているが、この「在地」が寺院関係者の多く居住する場所であったことによるのではなかろうか。

いずれにせよ、紛失状証判に関与する在地人が、下級官人層、僧侶、沙弥を主体としていたことは、在地人が、すべての地縁関係者を包括する近隣住人一般ではなく、一部の有力住人を中心とする地縁関係であったことを示唆している。

参考までに、京都に隣接する都市である大山崎《おおやまざき》の事例をあげてみよう。鎌倉末期、元徳《げんとく》二年（一三三〇）八月二十四日の佐伯友重《さえきともしげ》紛失状（『疋田文書』。『鎌倉遺文』四〇巻三一一九一号）には、「在地人并長者判形」が末尾に据えられている。その顔触れは、「藤原利宗《としむね》」、「長者左衛門尉《さえもんのじょう》清原時氏《ときうじ》」、「長者左衛門尉佐伯友高《ともたか》」、「長者執行大夫《たいふ》清原時次」、「長者内蔵《くらの》則高《のりたか》」、「長者内蔵《ちょうじゃくらの》則高」といった面々である。

「在地人」は最初の一名のみで、大山崎の長者たちと並んで署判を加えており、藤原という姓を持ち、おそらくは長者たちに次ぐ有力者であったと想像される。京都においても、在地人の中心は、相対的に有力な住人であったろう。

こうした、在地人の一種の限定性は、十五世紀に見られる京都の初期町人の性格に共通する。林屋辰三郎氏は、十五世紀ころに活躍する都市民を「町衆」という用語で呼んだが［林屋 一九六四］、実際にこの時期に地縁共同体を主導した町の代表者は、史料には「町人」としてあらわれる存在であったことが、五島邦治氏によって指摘されている［五島 二〇〇四］。また、著名な応永二十六年

（一四一九）の町人請文（『北野天満宮文書』）に関して、仁木宏氏は、「『町人』とは一定の資格（身分、財力、居住年限など）を有する、特定の住人であったと予想される」と指摘している［仁木 一九九七］。大村拓生氏も、鎌倉・南北朝期京都の屋地所有者が、地縁的関係をもつ有力者によって保証されていたことを指摘している［大村 二〇〇六b］。在地人の限定性は、鎌倉・南北朝時代を通じて維持され、その後の町人にも受け継がれたのではなかろうか。

ちなみに、在地人の活動は南北朝時代までは鎌倉時代とほぼ同様であったと思われる。その証拠としては、南北朝時代には紛失状に「在地人」の証判がある事例や、在地人証判の存在を明記した紛失状の例を、頻繁にみることができる、ということをあげておきたい。(4)

しかしながら、室町時代以降には、京都の紛失状において在地人証判が加えられている例は極めてまれになる。(5)これは紛失状そのものが意味を失うということが大きな要因であるが［大村 二〇〇六b］、在地人に替わって初期町人が登場することも関連するであろう。

逆に時代をさかのぼってみると、かつて平安時代末期、十二世紀ころまでは、京都の有力住人として行政の末端を担った「保刀禰」が存在していたことが想起される。

この保刀禰の活動が十二世紀以降消滅に向かうことについて、五味文彦氏は次のように述べている。すなわち、「保刀禰の活動が停滞し、保官人が保務を掌握するにいたった背景」は、「保刀禰の活動の基盤であった地域的な組織が失われたこと」で、「12世紀頃より、洛中に新たな地域組織である「町」があらわれ、また、洛中の所領に対する荘園領主権が確立し、保刀禰が依存した旧い地域組織はこれによって、壊された」という［五味 一九七三］。

鎌倉初期の町を「地域組織」とまでは評価できないが、「保」という地域単位が意味を失い、その保に基盤を置く保刀禰も存在意義を失ったことは確かであろう。しかしながら、「保刀禰」の呼称は消滅したものの、各地域（町）には、依然として行政の末端をになうべき有力住人は存在したと思われ、そうした有力住人によって構成されたのが「在地人」であったと考えるべきであろう。

京都における有力住人は、保刀禰から在地人へ、そしてさらに初期の町人へという系譜をたどったものと言えよう。

ただし、在地人は保刀禰とは異なって、ある特定の人物に固定される役職的なものではない。前節でも見たように、事件の発生するごとに浮上する地縁関係であった。よって、その構成メンバーも、近隣の有力住人に限定されながらも、その中で誰と誰が表面に現われるかについては、偶然性が強く、柔軟なものであったと想像される。

このことは、都市に限らない「在地」一般について、新田一郎氏が「とりわけ鎌倉前期においては、その構成員や機能する領域をそれとして指し示すことができるような確固たる実体を持った組織として」は想定できない［新田 一九九五］、と指摘していることにも通じるものがある。

次に、紛失状証判に見える在地人名の、時代的な変化について考察してみよう。再び表を概観すると、鎌倉中期まで、具体的には事例1から事例5までは、姓を持つ者と僧侶、沙弥がすべてを占めていることがわかる。

事例6の正応《しょうおう》二年(一二八九)に至り、「刑部《ぎょうぶ》三郎光信《みつのぶ》」、「二郎国定《くにさだ》」といった姓を持たない者が初めて登場する。さらに、鎌倉末期の事例10以降には、姓を持たない者の占める割合が高くなって来る。

住人一般に対してかなり限定的であった「在地人」の構成が、鎌倉後期には相対的により広範な住人を含みこむようになっていた、ということであろう。

加えて、鎌倉後期には、延慶《えんぎょう》四年(一三一一)の事例9では「針小路猪熊在地人」、元徳《げんとく》三年(一三三一)の事例12では「七条坊門在地人」「八条猪熊在地人」というように、在地人に地名を冠する呼称が登場してくるのである。

このような在地人名の変化は、元来は一部の有力住人を中心とした、流動的な地縁関係であった在地人が、鎌倉後期以降には、より組織的で広範な有力住人集団としての性格を徐々に持ちつつあったことを示すものと考えられる。

2 在地人の機能

鎌倉期京都における「在地人」の機能は、文書の紛失状に証判を与えるという形で、史料上はもっとも多く見出される。しかし、実際には在地人の機能はこれにとどまらず、そのほかにもいくつかの事例を指摘できる。そこで、本節では、紛失状証判以外の在地人の機能について、二点をとりあげて述べることにしたい。

(1) 権利の保証

紛失状へ証判を加えるという行為は、文書紛失という事態に直面した住人に対して、権利を保証することにほかならないが、他の局面においても在地人という地縁関係が権利の保証に利用されることがあった。

まずはじめに、屋地の譲与についての事例を見てみたい。とりあげるのは、建暦《けんりやく》元年（一二一一）三月二十日僧睿賢《えいけん》屋地《やち》譲状《ゆずりじょう》（東京大学史料編纂所架蔵影写本『京都博覧会社所蔵文書』[6]）である。

四条坊門油小路の現況（蛸薬師油小路付近）

この譲状は、以下のような内容である。四条坊門油小路の土地の持ち主である僧睿賢は、権利文書を妻に預けておいたところ、妻が死亡してしまい、亡妻の娘（睿賢の継女）に文書の所在を尋ねたところ、曖昧な返事をして睿賢に渡そうとしないという。そもそも、本来の権利文書は以前に焼失しており、亡妻に預けてあった文書も在地人証判の紛失状であった。そこで、紛失状は破棄し、新たにこの譲状を作成して官人・在地人の証判を請い受け、土地を平氏女（睿賢嫡子の母）に譲与することにした、というのである。

かつて紛失状作成の際にも在地人が証判を加えていたことがわかるが、その紛失状を破棄して新たに作成した譲状にも在地人三名が証判を与えている。権利文書が手元に存在しないという特殊な状況ではあるが、土地の譲渡の際に、在地人が所有者の権利保証を行なった事例と言えよう。なお、譲状における「在地人」は、譲与の事実を確認する証判を与えているのであるから、物権の近隣住人、すなわち四条坊門油小路の在地人であろう。

次に、紛失状における在地人証判が後々の土地売買に際して役立ったという事例をとりあげてみよう。例として、元弘《げんこう》元年（一三三一）十一月六日尼ゑけん房地売券（『雨森善四郎所蔵文書』。『鎌倉遺文』四〇巻三一六一一号）という文書がある。

この文書からは、二年前の火災によって紛失した相伝文書のかわりに、親類・在地人・保官人の証判がある紛失状を提出することを条件として、土地の売買が成立していることがわかる。在地人は、証判を与えた紛失状を介して間接的に、土地の売り手が正当な権利を有していることを保証したことになる。

この場合は紛失状そのものは残されていないが、おそらくは二年前の火災発生直後に作成されていたものと思われる。つまり、在地人の保証は、二年後の土地売買の時点になってあらためて機能しており、在地人証判が当初から売買という事態を想定していたかは確証はない。

いっぽう、前に見た事例8の場合、売券と同日付けの紛失状が在地人によって作成され、その文書自体も伝わっており、売買のために在地人の保証が利用されていることがより明瞭にわかる。(7) また、紛失状の在地人証判を前提とした土地売券は他にもいくつか事例があり、(8) 在地人が紛失状へ証

現在の紅梅殿（菅大臣神社）

判を加えることを通じて、土地売買の際の売り手の権利が保証されることがあったのである。

いままで述べて来た土地の譲与・売買に関わる在地人の機能は、権利の保証を行なうものではあるが、紛失状の場合と同様に、権利の保証を受ける者と在地人は必ずしも同じ地域に居住しているわけではなく、近隣住人同士の相互扶助とは言えない点は注意を要する。

これに対して、在地人が、地縁関係を背景とした共通の権益を守るために共同行動を起こした事例もある。それは、十四世紀初頭に勃発した紅梅殿《こうばいどの》敷地をめぐる住人と北野社の相論である（『紅梅殿社記録』。『北野天満宮史料・古記録』所収）。この事件の経緯と背景については馬田綾子氏の研究［馬田 一九九〇］に詳しいが、概略を述べてみる。

紅梅殿敷地は、綾小路《あやのこうじ》以南・五条坊門以北・西洞院《にしのとういん》以東・町以西の一町四面の地域で、同所住人に対して北野社が課役納入を求めたことに対抗して、「在地人」が逆に北野社の主張は不当であると院へ訴え出たのである。

住人たちは自らの申状では「地主等」および「領主等」と名乗っているが、北野社・院・六波羅探題の文書では一貫して「在地人」と呼ばれている。これはおそらく、住人たちが、自分の居住地が北野社の支配地ではなく、それぞれ別に相伝してきたことを強調するためと思われ、実質的には在地人と称される地縁関係による集団と見てよいだろう。

彼らの中には、納入の催促に来た北野社宮仕法師らとの間で乱闘騒ぎを起こした者もいるが、その顔ぶれは次のようであった(応長元年(一三一一)六月日紅梅殿在地人違勅《いちょく》狼藉人《ろうぜきにん》交名《きょうみょう》注進状《ちゅうしんじょう》案『紅梅殿社記録』。『鎌倉遺文』補遺四巻補一九二五号)。

町面　左衛門太郎　右馬太郎　念阿　後藤次
綾小路面　鞍次郎　右衛門三郎　中務入道　丹後屋入道　曼荼羅堂僧（法橋云々）
五条坊門面　倉堂僧

鎌倉後期という時期でもあり、有力住人を中心としつつも、かなり広範な人々が、「在地人」という地縁関係のもとに結集していることが見て取れる。海津一朗氏は、彼らの素性について「念阿は都に流行した時宗の僧、曼荼羅堂僧は法橋《ほっきょう》の僧位を持つ延暦寺山僧、倉堂僧は倉庫業を営む高利貸し、鞍次郎は馬具職人、そして丹後屋は商家であろう」と推測している〔海津一九九五：七一頁〕。

鎌倉後期の在地人は、課役の免除という共通目的のために、訴訟や、催促への抵抗などの共同行動をとっており、自集団の権利保証をも期待しうる地縁関係となっていた。流動的な地縁関係としての在地人から、組織的・共同体的性格が芽生えつつあったのである。

以上、土地譲与・売買における保証機能とあわせて、鎌倉時代の在地人には、都市住人の権利保証を担う機能があったことを指摘した。

(2) 信仰活動

鎌倉時代京都の在地人は、神仏に対する信仰活動の主体として現われることもあった。関連史料として、元徳二年（一三三〇）七月二十一日後醍醐天皇綸旨《りんじ》および同年七月二十四日東寺公文所書《とうじくもんじょかき》下案《くだしあん》の読み下しを次に掲げる。

なお、この二点の史料は、それぞれ『白河本《しらかわぼん》東寺文書六十四』（『鎌倉遺文』四〇巻三一一五二号）および『白河本東寺文書八十四』（『鎌倉遺文』四〇巻三一一五六号）によっているが、原文書は『教王護国寺文書』三一一号に相当する。ところが、江戸時代の写本である『白河本』の作成後に原文書の破損が進んだらしく、現状の『教王護国寺文書』では解読不能部分が多くなっている。そこで本節では、全文が読みとれる『白河本』を参照することにした。

針小路堀河西福寺の事。

奏聞の處、彼の本尊地蔵菩薩像は、権遣（現）の作、他に異なるの間、日来の如く、在地人等造立興行の由、聞こし食されおわんぬ。而るに勧進の由、動《やや》もすれば我物の思を成すの条、太《はなは》だ然るべからずの由、内々仰せ下され候なり。恐々謹言。

元徳二

七月廿一日　　光経

宝菩提院
輔僧正御房
（追而書略）

（端裏書略）
西福寺本尊地蔵菩薩像は、高祖大師御作たるの由、申さるるの間、内々奏聞の処、仰せ下さるるの旨此くの如し。案文之を遣わさるる者なり。早く在地人存知すべきの由、仰せに依り状件の如し。

元徳二
七月廿四日　　公文所御判
針小路在地人中

右の史料は、東寺所領内の針小路堀河にある西福寺《さいふくじ》を「在地人」が「造立興行」することを認めた綸旨と、その綸旨を「針小路在地人中」に伝達する東寺公文所の書下である。「針小路在地人中」は、地縁関係に基づき、協力して西福寺を維持運営することを公認されたわけである〔馬田 一九九八〕。しかも彼らは、西福寺の勧進収入の一部を私物化しようと図っていたようで、したたかなところも垣間見せている。

西福寺と針小路在地人の関係については、すでに馬田綾子氏が、明徳二年（一三九一）の寺家書下

(『東寺百合文書』つ函一号(二一)⑥・せ函二三号)に着目して、「西福寺を興隆する主体として『針小路在地人中』が位置づけられている」こと、西福寺が「在地の人々が管理・運営する町堂として、いわば結集の核として存在した」ことを指摘している。さらに、西福寺興隆のための免田《めんでん》が在地人によって私用される危険性が想定されていたことも、指摘されている。

実際には、こうした両者の関係は、先の史料に見るとおり、鎌倉時代にまでさかのぼることができるわけで、免田の私用という事態もまた、鎌倉期の勧進収入の私物化と相通じていると言える。

西福寺の事例から、鎌倉時代の在地人という地縁関係が、信仰活動の主体となっていたことがわかったが、同様の活動は、『百錬抄《ひゃくれんしょう》』寛喜《かんぎ》二年(一二三〇)三月十日条によっても知られる。すなわち、「祇陀林供養なり。先年火事の後、在地人等合力し、堂一宇功を終う」とあって、中御門京極《なかみかどきょうごく》の祇《ぎ》陀林寺《だりんじ》の堂を、「在地人」が合力して再興したことがわかる。編纂史料という性格上、「在地人」という語がどのような人々を指しているかは確定しがたいが、経済的な協力を必要とする事業であり、相対的に富裕な有力住人を主体としていたと見てよかろう。

時代が南北朝期に下るが、『社家記録　二』(『増補続史料大成　八坂神社記録一』)観応《かんのう》元年(一三五〇)五月六日条には、「清水《きよみず》材木引風流、坂面在地人等結構すと云々」と見えており、清水坂下の「在地人」が清水寺材木引きの際に「風流《ふりゅう》」を催している。この例では寺社の近隣住人の集団が修造活動に協力していることから、先の祇陀林寺の例でも、合力した在地人を京中の民衆一般とみるよりは、近隣の有力住人とみるべきであろう。

また、「坂面《さかおもて》在地人」の例では、在地人が信仰活動とあわせて「風流」という一種の芸能活動を行なっており、後代の町衆による風流踊りへとつながる可能性もあるという点でも興味深い。

おわりに

鎌倉期の都市京都においては、「在地人」と称される地縁関係が存在したが、それは紛失状への関与のしかたからわかるように、固定された地域組織ではなく、地域住人すべてを包摂するものでもなかった。文書紛失者と在地人の関係は、偶然性が左右する面が大きく、鎌倉期在地人には、相互扶助的な側面が少なかったことを指摘できる。

そのいっぽうで、在地人という地縁関係が、京都内において一定の影響力を持っていたこともまた確かであり、公権力の側も在地人の機能を認めていたと思われる。紛失状の証判において、在地人証判の存在を前提に保官人(検非違使)が証判を加えていることも、その証左となろう。

有力住人を中心とした流動的な地縁関係である、という限界はあるものの、在地人は、権利の保証主体もしくは信仰活動の主体として機能しており、さらに鎌倉後期にはより広範な人々を含み込み、共通の利害のために共同活動を起こすようにもなってきたのである。

網野善彦氏は、鎌倉末期以降の京都において、地主の保有する「地」に定着するようになった職人が、「地百姓」と呼ばれるようになったことに注目している〔網野 一九九六〕。網野氏は、地主に対して地子《ぢし》を負担する義務を負い、検非違使から在地の状況を聴取される「地百姓」の姿を、「それ以前の在地人に当るもの」と述べており、さらに地百姓こそが「町人」につながってゆくものと把握している。

しかし、「地百姓」という呼称は、領主・公権力の側が使用する場合が多く、署判などでは鎌倉末期においても「在地人」の呼称が一般的であり、両者はほぼ同一のものと思われる。また、「在地人」呼称が南北朝期まで見られることからも、網野氏の述べるような、在地人から地百姓へ、という系譜は考えにくい。鎌倉後期以降の在地人は、共同体的側面が芽生え始め、より組織的な有力住人集団へと変化していたことから、むしろ在地人から町人へ、という系譜が考えられよう。

以上により、鎌倉期の都市京都において、「在地人」は、初期町人に先行する地縁関係として存在し、地縁的組織としての「町」形成への出発点となったとみなすことができる。

註

（1）表の作成にあたり、早大院中世史ゼミ「『鎌倉遺文』所収「東寺文書白河本」と「東寺百合文書」対照編年目録」（『鎌倉遺文研究』一号、一九九八年）を参照した。また、表の出典欄において、早大院中世史ゼミ「『鎌倉遺文』未収録「東寺百合文書」」（『鎌倉遺文研究』に分載）に所収のものは、その掲載号と文書番号を示した。

（2）乾元二年六月二日七郎入道等田地売券案（『東寺百合文書』ツ函一一号（一））。『鎌倉遺文研究』一二号所収、四九七号）。紛失状と同日の日付で、問題の田地を「僧定円房」に売却している。

（3）乾元二年六月二日法橋浄澄尼連署請文案（『東寺百合文書』ツ函一一号（三））。『鎌倉遺文研究』一二号所収、四九九号）に「八条猪熊住人法橋浄澄」と記されている。この文書も、紛失状および前注の売券の関連文書で、同日付けである。文書を預かった浄澄本人が、火災の事実と在地人紛失状を作成した経緯について確認する内容となっている。

（4）たとえば、建武元年三月十七日重吉紛失状（『田中穣氏旧蔵典籍古文書』四四一「兵乱記事古文書」）、暦応五年三月日法印俊聖紛失状（東京大学史料編纂所架蔵影写本『瀬多文書』）、観応元年十月二十七日尼忍法等連署紛失状（『大日本古文書　大徳寺文書之十一』二七一三号（二））、延文二年九月二十日尼了済紛失状案（『長福寺文書の研究』四五二号）、貞治三年二月二十五日沙弥禅信紛失状（『東寺百合文書』メ函一四四号（一））、康暦二年十一月二日成金等連署紛失状案（『東寺百合文書』チ函四二号（一））、など。

（5）わずかに、応永六年十月十日三善景衡紛失状（東京大学史料編纂所架蔵写真帳『宝鏡寺文書』）などの例が見られる。

（6）本文書は、『史料京都の歴史　第9巻　中京区』三〇七頁に、『熊谷純三家文書』の一点として、読み下し文に直して紹介されている。『鎌倉遺文』未収。

（7）註3文書。

（8）たとえば、承元四年十二月六日藤原孝重領地売券案（『東寺百合文書チ』。『鎌倉遺文』三巻一八四七号）、文永二年二月十四日源友盛家地売券案（『田中忠三郎氏所蔵文書』。『鎌倉遺文』一二巻九二一九号）、文永十二年正月二十四日正観家地売券（『田中忠三郎氏所蔵文書』。『鎌倉遺文』一五巻一一七九八号）など。

3　室町期京都の労働力

はじめに

中世の荘園制下における百姓の基本的負担が、年貢・公事《くじ》・夫役《ぶやく》であることは、現在の中世史研究において共通認識となっていると言ってよいであろう［網野 一九九八］。三種の負担のうち、年貢の実態と本質についてはすでに多くの研究成果があがっているが［勝山 一九九五］、それに比較して、公事・夫役、とりわけ夫役の実態解明はさほど進展していないように思われる。

代表的な夫役として、荘園から京都の領主のもとへ上る「京上夫《きょうじょうふ》」というものがあったが、これは年貢・公事の運搬を主たる目的とするもので、基本的には京都での滞在期間は短いものであった［徳永 二〇〇七］。いっぽう、京都などの荘園領主のもとで長期間の労働奉仕をつとめる「長夫《ながふ》」という課役も存在したが、この長夫の実態については未解明の部分が多い。

さきに筆者は、東寺領若狭国太良庄《たらのしょう》（福井県小浜市）を対象に、鎌倉時代の長夫の実態解明を試みた〔高橋 一九九九〕。そこで得られた結論は、太良庄の長夫は、二月の勧農の時期に、荘園の支配単位である名《みょう》から一人ずつが京都に上り、領主である東寺供僧《くそう》に直接対面して労役を負担するもので、長夫は本来領主・領民関係を確認する儀礼的夫役であったと考えられる、というものであった。

しかし、太良庄の長夫は南北朝期には代銭納《だいせんのう》(実際に人を出す代わりに、一定額の銭を納める)となってしまうことから、先の拙稿においては中世後期については当然未考察であり、加えて史料的な制約により、長夫という夫役の具体的な労働の内容については、ついに明らかにすることができなかった。

そこで本章では、相対的に史料の豊富な、室町期京都における長夫勤仕の実態を、特に労働の具体的内容を中心に究明することにしたい。長夫勤仕の舞台が荘園領主の居住する都市京都であるということから、この作業は必然的に都市における労働需要の実態を明らかにすることにもつながってくるであろう。

都市史研究の潮流の中で考えるならば、かつては、中世後期の都市を「封建都市」と規定し、荘園制下の都市としては中世前期の京都・奈良などの中央都市のみを重視する傾向があったが、近年は室町期荘園制の存在を積極的に評価するようになっており、中世後期においても荘園制との関係から都市を考察する必要性がある〔高橋 二〇〇三〕。

また、物流の視点からも京都などを中心とする求心的システムのみではなく、全国的に展開するネットワーク上に存在する都市的な場への着目も必要とされるところであるが〔藤原 二〇〇四〕、そのいっぽうで室町期の京都が、依然として公家・寺社などの荘園領主が集住する都市という性格を有していたことも確かである。したがって、本章は、中世後期の都市京都における労働について、荘園制的システムとの関連から眺めるということにもなるのである。

1　山科家領下揖保庄《しもいぼのしょう》の長夫

室町期の京都における長夫と言えば、御伽草子《おとぎぞうし》の一つである『物くさ太郎』の序盤のストーリーが思い起こされる。

信濃国の「筑摩の郡、あたらしの郷」（現在の松本市新村と伝えられる）にて三年ほど養われていた物くさ太郎は、ある年の春の末、信濃国司に「長夫」を宛てられて困惑する郷の者たちに説得され、長夫を勤めるために京都へ上る。上洛した物くさ太郎は、それまでとはうってかわって「まめ」に働いて重宝され、三ヶ月間の長夫を七ヶ月間も勤めた後、ようやく暇をもらって信濃へ下向することになる。

これより、いよいよ物くさ太郎は、京で妻となる女性をさがして求愛し、ついには物くさ太郎の素性が明らかになるという具合に、話は本題へと進んでいくのであるが、とりあえず本章の興味関心とは関連がない。

ところで、長夫として「まめ」に働いた物くさ太郎であるが、残念ながらどのように甲斐甲斐しく働いたかはよくわからない。ただ、「東山西山、御所内裏、堂宮社、おもしろくたつと〔貴〕さ、申すはかりなし」とあって、主人の御供をして京都の中をあれこれ往来したことが暗示されるのみである。仮に『物くさ太郎』に長夫の労働内容が描かれていたとしても、御伽草子の叙述のみから判断するわけにもいかない。

幸い、この時期の長夫については、中流貴族山科家の史料の中に具体的な記述が豊富に存在している。山科家では、代々の当主や家司《けいし》（家政職員）が日記を残しており、それらによればいくつかの所領に対して夫役を賦課していることがわかる。

京都郊外に位置し、山科家の家名の由来ともなった山城国山科の大宅郷《おおやけ》（「地下《じげ》」・「東庄《ひがしのしょう》」とも称される）および野村郷から頻繁《ひんぱん》に人夫を調達しているほか、河内国河俣御厨《かわまたみくりや》、播磨国細川庄、播磨国下揖保庄から「長夫」が徴発され、美濃国革手郷《かわで》や紀伊国石垣庄からも「人夫」を供出していることが知られる〔田端 一九八六、菅原 一九八七・一九九八〕。

これらのなかで、「長夫」としてもっとも長期間にわたり労働力が提供されていたのが播磨国下揖保庄の長夫であり、史料的にも恵まれていることから、以下は同庄の長夫を中心に考察を進めることにしたい。

物くさ太郎の銅像（松本市新村）

下揖保庄は鎌倉期より山科家が領家職《りょうけしき》を保有する荘園で、その荘域は現在の兵庫県たつの市揖保町の揖保上・揖保中・今市および同市揖保川町の正條・新在家・野田に相当する。本家《ほんけ》は最勝光院《さいしょうこういん》、地頭職《じとうしき》は越前島津氏の一族に代々相伝された。

山科教言《のりとき》の日記『教言卿記《のりときききょうき》』（以下『教』と略す）には、応永《おうえい》十三年（一四〇六）二月十一日条に「下揖保長夫今日上洛也」と見えて以降、毎年連続して下揖保庄長夫到着の記事がある。

＊下揖保長夫上洛、目出々々、（『教』応永十四年二月十日条）

＊揖保庄長夫上洛、目出々々、（『教』応永十四年五月十一日条）

＊下揖保長夫参著、目出々々、（『教』応永十五年二月十日条）

＊下揖保長夫参著、目出々々、（『教』応永十六年二月十日条）

＊下揖保長夫上洛也、目出々々、（『教』応永十七年二月十日条）

これらの記事によると、ほぼ毎年二月十日を期して、下揖保庄から京都の山科家へ長夫が参着していることがわかる。

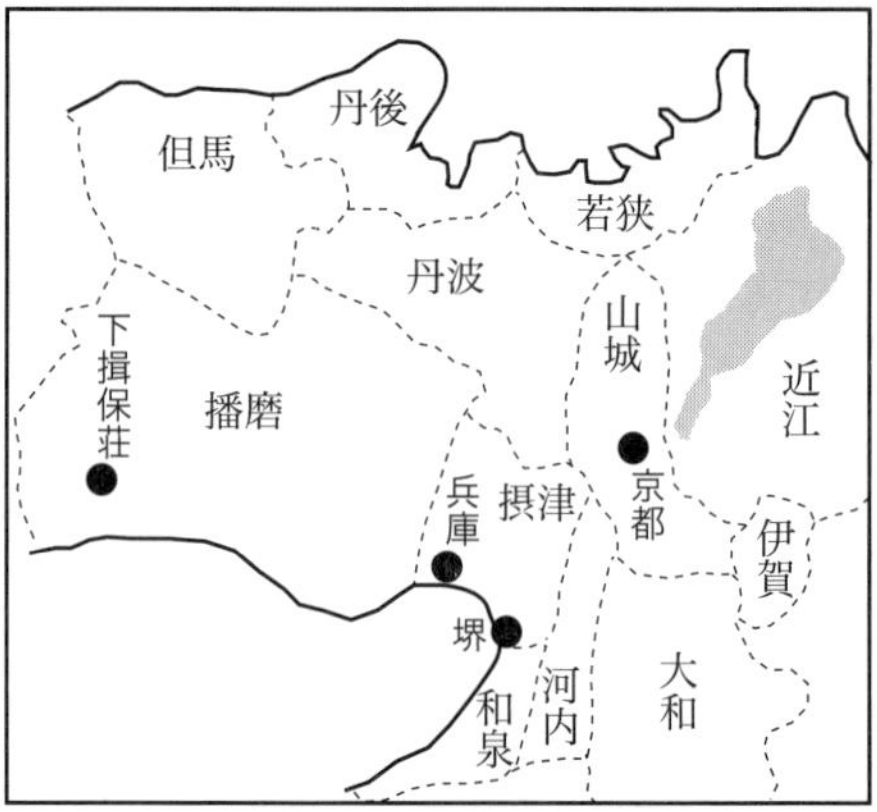

図１　京都と揖保の位置関係

その後、長禄《ちょうろく》三年(一四五九)には、宗恂《そうじゅん》なる者が年貢百貫文と「長日人夫一人」を条件に、下揖保庄の代官職《だいかんしき》を請け負っている。また、山科家家司大沢久守《おおさわひさもり》の日記(一部は家司大沢重胤《しげたね》の日記)『山《やま》科家礼記《しなけらいき》』(以下『家』と略す)の長享《ちょうきょう》二年(一四八八)六月二十日条によれば、代官職を請け負った坂本浜の善勝院順栄《ぜんしょういんじゅんえい》が提出した請文《うけぶみ》(『内閣文庫所蔵山科家古文書』。『揖保川町史　史料編』九三号文書)には、

一、長夫壱人、自三月至十二月在之事、

という一条が含まれていた。

実際に、応仁・文明前後の下揖保庄からの長夫参着記事を、『家』および山科言国《ときくに》の日記『言国卿記《ときくにきょうき》』(以下『国』と略す)から抜き出してみると、

＊いほのほりに、今日長夫、(『家』寛正四年四月四日条)
＊播州揖保庄長夫上也、(『家』応仁二年四月十三日条)
＊播磨イホヨリ弥六・長夫上了、(『国』文明十年三月三日条)
＊伊保ヨリ永夫上也、(『国』文明十三年三月九日条)
＊下揖保長夫今日上候、則今日より召仕候也、(『家』長享三年七月二十六日条)
＊下揖保ヨリ今日長夫上候、(『家』延徳三年四月二日条)

となって、三月から四月にかけての春先に到着するのが一般的であり、先に触れた善勝院順栄代官職請文に明記された「三月から十二月まで一人の勤仕」ということが建前になっていたと思われる。

長享三年のように七月に上洛した年もあるが、あくまでもこれは例外であったようで、『国』明応七年(一四九八)十月二十二日条には、

　播州揖保ヨリ長夫上了、此間代二五郎置也、遅々上之間、センカンス〔折檻〕ヘキノ由申付了、

と記されている。

すなわち、遅参の場合は折檻を受ける可能性もあったようであり、長夫を宛て課されてしぶしぶ上洛した当人にしてみれば、まさに「踏んだり蹴ったり」である。

中世後期に年貢の代官請負が広く定着するなかで、下揖保庄の長夫についても、代官職請負の条件に長夫の進上があったように、代官の裁量によって調達されたと考えられる。『家』長享二年十一月九日条には、当時の代官嶋津小三郎の使者が「揖保長夫御年貢」をいま少し待っていただけるとありがたい、ということを申し立てていることが見えている。この事例からも、長夫の調進《ちょうしん》に代官が責務を負っていたことがうかがわれる。

『物くさ太郎』のストーリーにおいても、郷の人々が「長夫」賦課に困惑したあげく物くさ太郎に押しつけていたように、百姓にとっては長夫を勤めることは忌避したい課役であったと思われ、代官の人夫調達もしばしば難航したことが想像される。長夫に仕立てられた百姓は、代官もしくはその使者に付き添われて在地から京都へ上ることになったのであろう。

いったんは上洛していた人夫が、下揖保庄へ逃げ帰ってしまったこともある(『家』文明十二年一月二日条)。この場合は一月であり、史料上は「京夫」とあることから、厳密には「長夫」ではな

く短期間の「京上夫」の可能性もある。しかし、長夫の中にも逃亡を図った者がいないとも限らない。また、無断出奔《しゅっぽん》ではないが、長夫が病気になって下揖保庄へ戻ってしまったこともある（『家』応仁二年四月十四日条）。ちなみにこの時には、程なく替わりの人夫が上洛している（『家』応仁二年五月二日条）。

長夫を現夫《げんぷ》（実際に人を出して役を負担する）でつとめることを避けるために、下揖保庄から夫役銭が納入されることもしばしば行なわれ、「夫銭《ぶせん》」（『家』文明九年八月二十七日条など）、「堪忍料《かんにんりょう》」（『家』文明十二年十一月二日条など）と呼ばれている。

以上を総合すると、百姓側の忌避と代銭納への志向により、春先から年内まで完全に現夫労働が実行されたかどうかは若干の留保が必要であるが、ともかく室町時代の明応年間(1)（一四九二〜一五〇一）頃まではほぼ継続的に、播磨国下揖保庄から長夫が上洛し、ある程度の期日、領主山科家の許で労働力を提供していたと考えられる。

2　労働の具体的内容

2節では、都市京都へと徴発されてきた播磨国下揖保庄の長夫が、領主山科家において、具体的にどのような労働を行なっていたのかを、労働の内容ごとに分類して指摘していくことにしたい。

なお、長夫を勤める者は、山科家においては各々の名前は把握されておらず、史料上では単に、「揖保」、「いほ」もしくは「イホ」などと記される。「揖保から来ている者」といったニュアンスであろうか。

(1) 外出の供

長夫の労働内容として頻繁に見られるのが、山科家の人々が外出する際に「御供」として付き従うことである。

たとえば、『家』明応元年八月二十四日条には、

本所(言国)三宝院御礼御出、太刀一金、次青蓮院殿(尊伝親王)二宮御訪ニ御出候、御コシカキ代二百廿文下行、
御供三郎ゑもん・彦右衛門・彦・千松・いほ、

のように見えており、当主の言国が三宝院《さんぼういん》や青蓮院《しょうれんいん》を訪問した際には、家司の大沢三郎衛門重茂《しげもち》以下とともに、「いほ」が供の末尾に加えられている。

同じく言国が長講堂《ちょうこうどう》の念仏に赴いた時や(『家』延徳三年八月十三日条)、幕府へ出かけた際(『国』文亀二年七月十八日条)などに、下揖保の長夫が供に加えられている。

こうした比較的近距離の外出のみならず、『国』文亀二年九月十日条には、

今日早旦御粥ニテ鞍馬寺参詣也、内蔵頭(言綱)同道、供孫四郎・彦男・トラ法師・イホ也、

とあり、言国・言綱《ときつな》父子が鞍馬寺へ参詣する時の供も務めている。『家』文明十三年四月七日条にも、言国が伏見宮勝仁親王《ふしみのみやかつひとしんのう》の石清水八幡宮参詣に供奉《ぐぶ》した際に、「彦兵衛、式部方、御小者、いや六、

小四郎、竹阿ミ、岩法師、寅法師、いほ」を供として従えたことが見えており、下揖保庄の長夫が当主の郊外への外出にも随行したことが知られる。

さらに、『家』寛正四年十一月二十九日条には、

本所(言国)南都御下向、春日祭ニ、（中略）人夫東庄より二人、二百文下行、三人野村、一人いほ、三人くわせうし〔勧修寺〕より以上九人也、

とあって、言国が春日祭のために奈良へ下向した時の人夫九人の内訳は、膝下荘園というべき山科の東庄（大宅郷）から二人、同じく野村郷から三人、勧修寺《かじゅうじ》から三人、そして揖保の長夫一人であった。山城国山科東庄（大宅郷）は、山科家の根本所領ともいうべき重要な所領であり、言国もしばしば下向している。その供としても下揖保長夫が使役されていることは、たとえば『家』文明十三年四月二十六日条に、

本所今日東庄へ御下、御供中書、坂田方、彦三郎持太刀、御小者、いほ下、

とあるほか、『家』の多くの記事から明らかである。

ところで、言国は応仁・文明の戦乱の中で、従前の一条烏丸《からすま》の屋敷から、天皇・上皇や他の公卿らとともに花の御所を中心とする東軍の「御構《おんかまえ》」の中へ移住し、「陣屋」を設けて居住した。その後言国は、戦乱を避けるとともに、西軍に至近の交通路を封鎖された山科への交通の便を図るために、文明二年（一四七〇）八月ころから、同十年（一四七八）二月ころにかけて、断続的に近江坂本に滞在するようになった［下坂 二〇〇二］。

したがって、この期間、言国は頻繁に坂本と上京《かみぎょう》の陣屋とのあいだを往復しており、これに供奉する人数の中に、下揖保長夫がしばしば見えている。『家』文明九年五月十四日条に、

本所坂本へ御下向也、御供掃部助《かもんのすけ》御太刀・中務少輔《なかつかさのしょう》・智阿《ちあ》ミ・弥六・ゑもん二郎・いほ、

と記されているのが、その一例である。

また、坂本と上京陣屋との往復に際しては、当主の出発に先立って、お供の人員が調達されて「お迎え」と称して差し向けられていた。『家』文明二年十月二十九日条では、「本所明日御下向御迎」のために、家司の大沢重胤、衛門二郎と「揖保」が「御構」へ上洛しており、逆に『家』文明九年十二月十五日条では、「本所御迎」のために彦兵衛、掃部助、衛門二郎、岩法師《いわほっし》と「いほ」が坂本へ下向している。お供のために下揖保長夫も、坂本と上京陣屋の間を相当頻繁に往復させられていたことがうかがわれる。

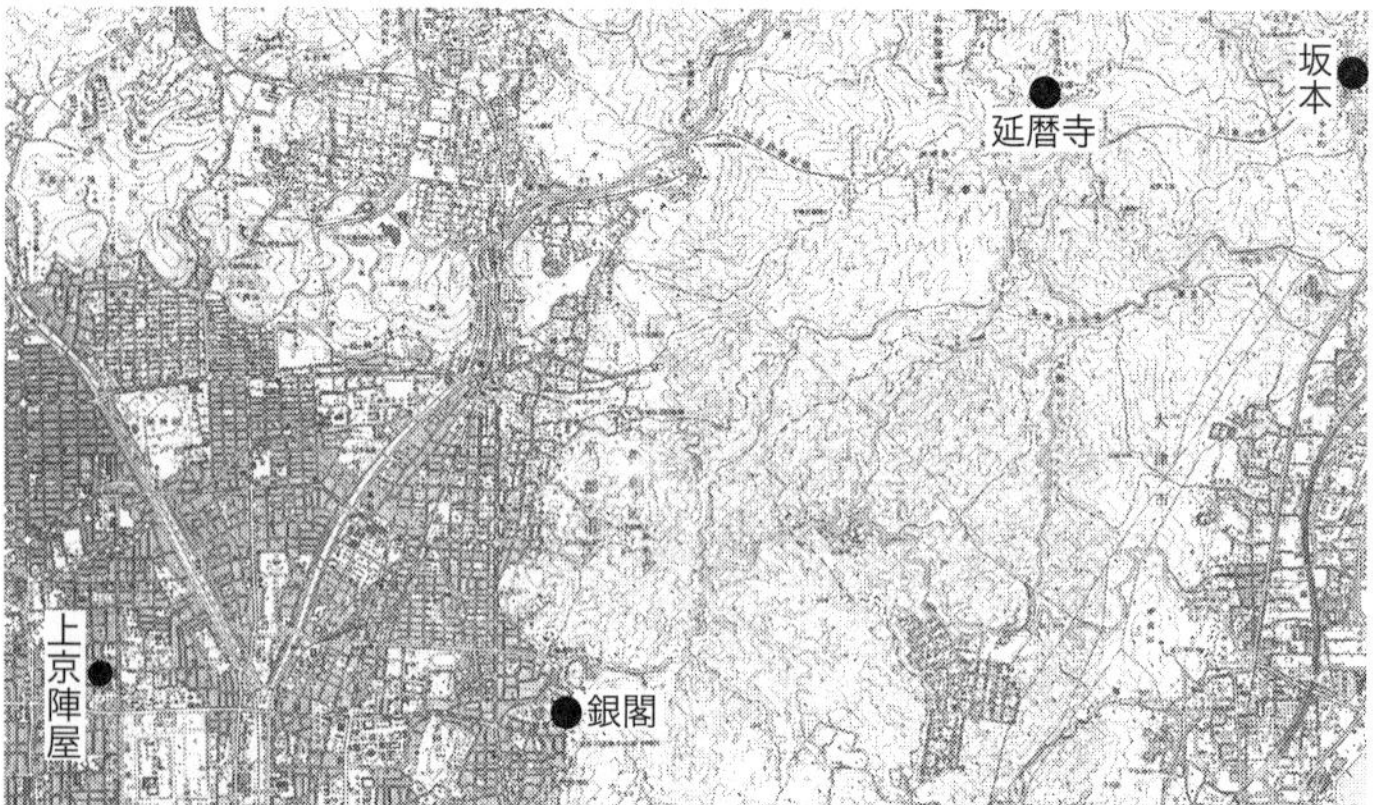

図2　上京陣屋と坂本

加えて、長夫が供を務めたのは、実は山科家当主に対してのみではなかった。『教』応永十三年七月十一日条を見てみよう。

> 女中壬生坊城《みぶのぼうじょう》へ参詣也、山科ヨリ三人、下揖保一人、中間《ちゅうげん》ハ刑部《ぎょうぶ》・左近次郎也、

教言の女中が壬生寺に参詣する際の供として、山科東庄から三人、中間(従者)が二人、そのほかに「下揖保一人」が従っていることがわかる。

そのほか、家司の外出に長夫が供奉している例もあり、高階頼久《たかしなよりひさ》が「いほ」を「つれ候て」大原へ出かけたり(『家』文明十三年九月五日条)、大沢重茂《しげもち》が「イホ」とともに宇治へ下向したり(『家』明応元年八月二日条)している。大沢重致《しげむね》が三井寺の足利義材《よしき》の陣へ赴いた折にも、千松、松若と「いほ」が供をつとめており(『家』延徳三年十月十五日条)、しかも翌日には「いほ御陣ヨリ上候」、直後に「又坂本下候也」という忙しさ(『家』延徳三年十月十六日条)である。

当主の場合と同様、家司の「お迎え」に参上することもあり、『家』文明九年五月八日条には、大沢久守の「むかいのふん」として下揖保長夫が坂本へ下ってきたことが記されている。

(2) 物品の運搬

長夫が、山科家に関わる物品の運搬をすることも多く見られた。前項で見た外出の供の役割の一つとして荷物持ちを兼ねることもあり、『家』文明十三年九月二十一日条には、

> 本所御下向候也、東庄へ、御供坂田さへもん・中書持御太刀・智阿ミ・竹若・いほ、今日米上候、

一駄と又いほ

とあって、言国の山科東庄下向に供として同行した「いほ」が、折り返し山科東庄から米を京へと運ぶ作業に従事していることがわかる。

『家』文明二年十月五日条にも、

御本所御参洛、山門吉良之越、御供予・美作左衛門尉・同名掃部助・同将監・竹阿・中間以下在之、仍荷貳荷、一人揖保、一人大郎男也、

との記述がある。言国が坂本から京へ上る時に、家司大沢重胤以下が供をつとめ、二荷の荷物を「大郎男」（中間か）なる者と揖保の長夫との二人で運搬しているのである。

右のように当主の供を務めつつ荷を運ぶのではなく、長夫が単独でもしくは他の家人《けにん》とともに物品の運搬を単独の業務として行なう事例を次に見てみたい。

言国が坂本に長期滞在していた時期には、上京の陣屋と坂本との間の運搬に従事している記事が多く見られる。いくつか抜粋して以下に列挙してみる。

＊弥六御構へ上候、白米是下用四斗八升、墨米六斗分いほ持上候、（『家』文明四年六月二十八日条）

＊竹阿ミ上、いほ夫米持候て上候也、（『家』文明四年七月十一日条）

＊坂本より山越ニ源六、いほ上候、米六斗七合、（『家』文明四年十一月二十六日条）

＊掃部助・いほ上候、しほ二升、しゅくし五十、（『家』文明四年十一月二十九日条）

＊坂本へいほ下候、ミいろき一し下候、（『家』文明四年十二月三日条）

＊予坂本へ下候、御ふく同からひつ等いほニもたせ、吉良越ニ竹阿・ゑもん二郎・彦兵衛か色々持下候也、（『家』文明九年四月二十六日条）

＊自御構ゑもん二郎・いほ御ふくの御むかいニ下、（『家』文明九年五月二日条）

＊御ふく御なをし上候、いほ・竹阿・ゑもん二郎、（『家』文明九年五月三日条）

＊坂本よりゑもん二郎・いほ、御さしぬき・御なおし・白かたひら上候也、（『家』文明九年六月二十日条）

図3　物を運ぶ人々（『一遍聖絵』清浄光寺蔵）

家司や中間らと共に、米、塩などの生活必需品を持って、「いほ」が京・坂本間を往来していることが知られる。これらは、山科家が京・坂本のいわば二重生活を送っていたために、双方の居宅で物品を融通する必要があったために生じた仕事であろう。また、山科家が家職としていた天皇家の「御服」調進のため、直衣《のうし》(平常服)などの衣類が下揖保長夫の手で運搬されているのも興味深い。他にも、伏見宮の直衣を下揖保長夫らが坂本から京へ運搬している事例がある(『国』文明八年八月十日条)。なお、右に列挙した例の中では、

「みいろき」（三尋木）までもが運搬されているが、これは神楽のためのものであろうか、用途は不明である。

　また、山科東庄から京の山科家へ、貢納物やさまざまな物品を送る際にも、長夫が使役されている。以下、抜粋して列挙してみる。

＊東庄米二斗召寄畢、イホヲ下也、（『国』文亀二年十一月二十三日条）

＊今朝京へ盆山上、一ハ本所、一ハ兵衛方へ、いほ上也、（『家』文明十二年六月二十五日条）

＊いほはな持上候、（『家』文明十二年六月二十八日条）

＊京へ新米下用ニ弐斗、しは上候、いほ、（『家』文明十二年七月二十日条）

＊京へいほ上候、なわ廿ハ・たわら二・わら二丸、（『家』文明十二年八月十三日条）

＊今朝いほ上候、吉川うを〔魚〕持候て上候也、（『家』文明十二年八月十六日条）

＊京へ柴一荷上候、いほニ、（『家』文明十二年九月二十一日条）

以上のように、米、盆山、花、柴、縄、俵、藁、魚などの多様な品目が、領主である山科家のために山科東庄から送られているが、在地の人夫ではなく、下揖保庄の長夫が運搬を担っているのである。

　さらに、同じく山科家の所領である山城国西岡《にしのおか》の河嶋郷からも、長夫が米を運搬していることが、以下の記事より判明する。

＊かわしまよりいほ米持来候、（『家』文明九年十月八日条）

＊いほかわ嶋へ遣之、（『家』文明九年十月十日条）
＊河嶋より米六斗四升三合いほ持上候也、（『家』文明九年十月十一日条）

右の事例で「いほ」は、八日に河嶋郷から京へ米を運んだ後、一日おいてまた河嶋郷へ派遣され、翌日米を運搬して京に戻っている。河嶋郷からの貢納米の一部が、長夫によって二回に分けて運搬されたものであろう。

山科家家司が質物を預ける際にも、下揖保長夫が質物を運搬している。『家』応仁二年正月六日条を見てみよう。

長門守殿具足、飯尾肥前守殿より取寄、質物ニ山上へ遣、大郎右衛門・弥六副遣、河内・揖保持行、具足之袖之結、長門守殿符を付られ候也、

家司の大沢久守（長門守）が具足を飯尾之種《これたね》方から取り寄せ、「質物」として叡山《えいざん》山上へ送っており、河内国河俣御厨の長夫と、下揖保の長夫とがこれを運搬している。河内の長夫も同一の作業に従事していることから、物品運搬は、長夫の調達された所領に関わらず、長夫一般の労働内容であると考えることができよう。

『家』文明二年十月三日条には、

南洞院《なんとういん》御出、此方之物辛櫃《からびつ》弐合大小御楽下知勅筆等入候、山門与〔横〕川解脱谷法輪院ニあつけまいらせられ候、揖保夫持行、

とあって、やはり叡山横川《よかわ》の法輪院《ほうりんいん》へ唐櫃二合を預けている。この場合は「勅筆」等が入れられて

いることから、重要文書を戦災から守るために避難させたものと思われるが、「揖保夫」が運搬している点は同様である。

『国』文明七年五月四日条には、

今朝早朝ニ京都へ人出了、立帰也、イホヲ召下也、其子細ワ他所へ物ヲ可預タメ也

ともあって、質物の預けか、避難のための預けか明確ではないが、品物を「他所」へ預けるために、言国が人を遣わして下揖保長夫を京から坂本へ召しだしていることが記されている。物品の運搬に関して、長夫の労働力がおおいに期待されていることが知られよう。

以上のほか、長夫は、酒樽の運搬(『家』応仁二年五月十四日条)や、銭の運搬(『家』文明二年十月二十二日条)にも従事している。

(3) 使者

何らかの物品を運搬しない場合でも、連絡のための使者として長夫は諸方へ派遣された。この場合は、史料の上では、「いほ」が単に某所へ「下る」、もしくは某所より「上る」とのみ記されるが、その類の記事は『家』・『国』には大量に残されている。

とりわけ、膝下の所領である山科東庄(大宅郷)との往来はごく頻繁であり、以下に下揖保長夫派遣の事例の一部をあげる。

＊東庄よりいほ上、(『家』応仁二年七月十五日条)

＊いほ大宅へ下、（『家』文明九年十一月二十七日条）
＊いほ地下へ下候也、（『家』文明十二年三月二十二日条）
＊東庄よりいほ上、（『家』文明十二年三月二十三日条）
同じく、言国の坂本滞在期には京・坂本間を下揖保長夫が往来している記事が頻出する。以下、例の一部を挙げる。
＊坂本揖保下候也、（『家』文明二年十月二十三日条）
＊揖保夫坂本下也、（『家』文明四年七月十四日条）
＊弥六、揖保上候、（『家』文明四年七月二十三日条）
＊いほ坂本へ下候、（『家』文明四年十月二十八日条）

このように、山科や坂本の場合は記述がきわめて簡略なことが多いため、詳細な労働内容が省略されている可能性もある。すなわち、日記には記載されていないが、伝言などの用向きのほか、実際には軽少な物品を携行していたことはあったであろう。『家』文明九年六月十九日条にも、

彦兵衛・衛門二郎・いほ坂本へ下、色々用共在之、

とあって、「色々用共」のため往来させられているのである。いわば、「ちょっと使いに出ておくれ」というような用で、山科家と要所の間を往復するのが長夫の一つの業務であったと思われる。

『国』文明十三年十月七日条には、

イホ京へ上也、予状共上畢、

と記されており、下揖保長夫が言国の書状を託されて、山科東庄から京へ出かけている。まさに、長夫の「使者」としての働きを示している事例と言えよう。

(4) 土木作業

長夫は、土木作業の労働力としても動員されていた。たとえば、『教』応永十二年六月十一日条は、次のように記す。

今日木屋立之、番匠《ばんしょう》三人、山科人夫二人、熊一人、藤五、菊鶴、資親《すけちか》下人《げにん》、重能《しげよし》下人、重長《しげなが》下人、清幸《きよゆき》下人、下揖保・細川二人、

火災で焼失した山科邸を再建するため、まず木屋を建造するにあたり、専門の建築業者である「番匠」のほかに、作業員として十数人が動員されている。その内訳は、山科から調達された人夫、散所法師《さんじょほっし》の「熊」、中間と思われる「藤五」と「菊鶴」、家司坂田資親・大沢重能・大沢重長・清幸らの下人、そして下揖保の長夫と播磨国細川庄の長夫とであった。

また、引き続いて山科邸宅地の地割り(区画確定)作業を行なうについても、『教』応永十二年十一月七日条に、次のような記述がある。

庵地破也、目出、重能、資興《すけおき》、重長、資能《すけよし》、重定《しげさだ》、源阿《げんあ》、清幸、□□、盛永《もりなが》、知能《ともよし》、中間刑部兄弟、左近次郎、□□□□私中間一人、人夫、細川三人、下揖保一人、北畠二人、日様物二人

これを見ると、家司大沢重能以下の家人が立ち会い、人夫として八人が動員されている。人夫の

内訳は、細川庄長夫、下揖保長夫、山科家被官人北畠(木造)俊泰《としやす》から派遣された人夫、日様(日雇)の人夫であった。この時も、下揖保長夫と細川庄長夫が動員されており、先にも見たように、下揖保庄の長夫も細川庄の長夫も、使用者側の山科家からは区別されずに、同様の労働内容を課されていたと思われる。

さらに、山科家の風呂の「地引」(整地)作業にも、人夫として長夫が連日動員されている。記事を次に掲げてみよう。

＊風呂地引之、目出、下揖保、細川、河内人夫三人、(『教』応永十四年十月二十五日条)
＊今日地引人夫、下揖保、細川、紀伊国等也、(『教』応永十四年十月二十六日条)
＊人夫今日地引、下揖保、細川、河内等也、(『教』応永十四年十月二十七日条)

地引に従事した人夫は、下揖保長夫のほか、細川庄長夫、河内河俣御厨長夫、紀伊国石垣庄人夫であり、長夫総動員の観がある。

次に、庭の造作に動員された事例を挙げてみたい。『家』延徳三年九月四日条に、

庭東エンノキハホリ、石ヲキ、スイモンニシ候也、スケ・イホ・松若仕候也、

とあって、山科家の庭園に石を置いて水門を造作しており、中間らしき家人に混じって「イホ」が作業に従事している。『家』明応元年九月十一日条でも、

予の所庭すいもん仕候也、松若・いほ、

と記されており、大沢久守邸の庭の水門造作にも下揖保長夫が動員されている。

他には、山科家の「西シホリ」の堀掘削の人夫の一人として働いたり(『家』延徳三年十一月十三日条)、山科家の「西御庭方」の塀塗り人夫に加わったり(『家』明応元年八月二十八日条)、下揖保長夫が比較的単純な土木作業に使役されていることがわかる。

(5) その他

これまでに触れた労働内容に含まれないものを、以下に列挙していきたい。まずは、当主が番によって御所に詰める時に、宿直《とのい》を務める例である。『国』明応七年閏十月六日条に、

松木不参、番衆御前、予・富仲守光朝臣番代、外様、権帥・童長朝臣也、予宿直置之、兵衛尉・イホ等也、

とあって、言国が番衆として天皇の側に詰めたため、「イホ」らが宿直を務めていることが知られる。『国』明応七年十月二十六日条に、

予宿直ニ千代丸・彦男・イホ置了、

とあるのも、おそらくは言国が御所へ詰める時に宿直を置いた事例であろう。

似たような事例としては、『家』文明十二年九月十四日条に、

京の徳政之儀大儀之間、番ニいや五郎・小四郎・いほ上候、

とあるのが注目される。徳政一揆による混乱を恐れて、急遽山科から下揖保長夫等を見張り番として京の邸宅へ赴かせたものと思われる。

いっぽう、長夫が鞍馬へ派遣されて、山での労働に従事することもあった。『国』文亀二年十月二十七日条に、

為代官鞍馬へ彦男参詣、イホヲモ木ヲ取ニ相ソヘ下畢、

と見えている。「木ヲ取」とはおそらく木を伐りとってくることであろうが、薪・柴のようなものか、建築部材になるようなものかは定かではない。

『国』文亀元年十一月十五日条には、

鞍馬寺為予代官孫四郎参詣畢、イホ炭取ニ遣了、

とある。あるいはこれも「炭木」を伐り取る作業かもしれないが、文字通り「炭」そのものを取ってくる、すなわち炭を購入して運搬してくるという作業の可能性もあり、詳細は不明である。

3　労働の性格と日雇人夫との関係

播磨国下揖保庄から徴発されて山科家で使役された長夫の労働内容を、あらためて整理してみると、次のようになる。

＊当主や家司が外出する際の供
＊必需品、貢納物、質物等さまざまな物品の運搬
＊使者として所領や別宅との往来

＊普請作事等の土木作業
＊宿直・番その他

これらの労働の性格は、おおむね供奉・運搬・連絡・土木などに関わる基礎的労働ということになる。しばしば他の所領から徴発された長夫とも共同で従事していたことから、この時期の長夫の一般的な労働内容と考えてよいであろう。

さて、下揖保庄長夫の務めた労働内容は、基礎的労働であり、高度に専門化されたものではなかった。労働の内容という点では、下揖保庄長夫は他の所領からの人夫や山科家の中間とほぼ同質であり、彼らによっても代替可能であった。さらには、日雇人夫によって代替もしくは補充されることも多く見られるようになっている。

たとえば、『家』文明九年二月二十二日条に、

本所坂本より上洛也、御供彦兵・中書・掃部助・坂田左衛門尉・式部・智阿ミ・ゑもん二郎、人夫一人やとふなり、

とあるように、言国が坂本から京へ上る際に、長夫の替わりに人夫を一人雇って供奉させている。

また、『家』文明三年十二月二日(久守記)[2]には、

本所御構へ御番に御上洛候、御供掃部助・将監・次郎兵衛尉・美作左衛門尉、御馬御坊より被借申候、揖保一人、人夫一人五十文ニてやとい候、

とあり、言国が番により御所へ参勤するため、坂本より上洛するにあたり、供の中に下揖保長夫と

五十文にて雇った人夫とが加えられている。末尾に並んで記されていることが、両者の労働内容の同質性を示唆している。

この点については、『家』文明三年十二月八日（重胤記）条に、

長州御参洛、越州・予同前、其外掃部助方・式部方・竹阿・弥六・人夫二人一人揖保、一人代五十文・次郎大郎・右衛門次郎也、

とあることからも裏付けられる。すなわち、家司大沢久守（長州）の上洛に供奉した「揖保」の長夫一人と、「代五十文」の雇い夫一人とが、「人夫二人」として一括されているのである。

前節の(4)において挙げた史料（『教』応永十二年十一月七日条）にも見えているが、『教』応永十三年三月九日条において「欠所屋《けっしょ》」を解体する作業を番匠九人や散所熊法師三人とともに行なった「日様者」も、「日雇者」すなわち日雇いの人夫を指していると考えられる。

ちなみに、これまで見た史料からは、日雇人夫の賃銭は一人につき五十文が支給されていることがわかるが、『教』応永十三年八月四日条では「日様者」三人に対して一八三文が下行《げぎょう》（支払）されており、一人宛六一文と若干高めである。概して、五十文から六十文程度が相場と見てよいであろう。

それはさておき、日雇人夫の労働力が長夫の労働に代替しうるということは、逆に言えば長夫の労働力が、日雇人夫同様に山科家以外の労働市場へ広く供給しうるということになる。事実、下揖保の長夫は他家へ貸し出されている。以下に実例をあげてみよう。

＊此間五辻宿所取立トテ、此方人夫イホ借用也、（『国』明応二年四月十四日条）

＊禁裏御庭サセラル、トテ、此方人夫イホ自早旦被借召畢、（『国』明応二年四月十八日条）
＊寺家殿揖保借申候也、（『家』文明四年九月十四日条）
＊とうさいしやう〔藤宰相〕との〻、いほ御かり、（『家』文明九年八月二十八日条）
＊いほ、松殿かし申候也、今日御返候也、（『家』延徳三年十二月二十日条）
＊いほ、御さとへ御かり候也、（『家』明応元年十一月一日条）

天皇家（禁裏）をはじめとして、諸家が山科家から下揖保長夫を「借用」していることがわかる。ただし、これが無償の貸与なのか、日雇人夫同様の有償雇用なのかは、右の史料のみからは確定しがたい。

この点に関しては、『家』文明九年四月二十日条に、

飛鳥井殿《あすかいどの》田舎へ揖保、飯賀やといて被遣也、

との記事があり、『家』文明九年八月二十六日条にも、

いほ、かんろしとの〔甘露寺殿〕へ御やとい候也、

とあって、下揖保庄長夫の他家への派遣が「やとい」と表現されることがあることを指摘できる。「やとい」の語義からは、通常は給金の支払いが伴うものと考えられる。そのいっぽうで、

＊いほ本庄方へかし申也、（『家』文明九年十月二十一日条）
＊本庄三郎ゑもん朝飯予よひ候也、今日もいほやとい候也、（『家』文明九年十月二十二日条）

という二つの記事を総合して考えるならば、「やとい」の実態が「かし申」（貸与）と同義、と解釈

せざるを得ない。結局のところ、山科家の好意によって下揖保長夫が無償で他家へ貸し出されることが一般的であったと考えられる。

さらに言えば、下揖保庄長夫に限らず、同様の人夫の貸借は、当該時期の京都では広く行なわれていたのであり、山科家においても人夫を借用していることは、『教』応永十六年四月四日条に、

南都へ裏松参詣、北畠黄門・中山相公・倉部（教興）同道也、（中略）倉部輿舁ハ六人、共人重能、中間ハ左近次郎・刑部次郎・彦若丸・新参男左衛門三郎也、人夫四人、勧修寺・伯卿・基親朝臣・知高朝臣借也、

とあることなどからも明かである。

逆に、山科家から人夫を貸与している場合も、長夫に限らずいくつか見られ、『家』応仁二年六月八日条に、

飯尾肥前守殿ヨリ人夫五人可借用之由状在之、人夫三人進之、

とあるのがその一例である。山科家中間の弥六が万里小路《までのこうじ》家に「やとわれ」ている事例もある（『家』文明四年二月二十一日条）。

このように、都市京都に集住する領主間では相互に人夫を融通しあっていたのであり、下揖保庄長夫もその中で貸借される存在であった。そして、人夫の相互融通で不足する分を補ったのが、日雇人夫であった。

荘園領主は家の経営に関わる基礎的労働力を、長夫を含めた自家の人夫、他家から借用する人夫、そして日雇人夫によって充足させていたのである。

おわりに

以上の考察によって、室町期京都における「長夫」の労働内容が、主として荘園領主の身の回りの基礎的労働であり、それはまた他の人夫や日雇人夫等によっても代替可能なものであったことを明らかにした。

換言すれば、長夫が荘園領主のための労働力の一部を担っていた、ということであり、室町期の都市においても荘園制的システムによる労働力の調達が依然として機能していたことを意味するものである。

中世における都市への人口流入は、文化摩擦や人身売買、治安悪化などの「都市問題」の要因となっていたが〔高橋 二〇〇二(本書Ⅰ部1章)〕、地方荘園から徴発されて都市での労働を強制された「長夫」もまた、中世を通じて都市への人口流入の一形態となっていたと言えよう。

いっぽうで、長夫の労働内容が基礎的労働であるということは、領主側としては必ずしも長夫のような荘園制システムによる労働力に依存する必要がない、ということでもあり、そこに都市において雇用労働が発生する余地がある。

すでに鎌倉期の下野国宇都宮宿においては、領主によって「駒牽送夫」の恒常的準備が命じられ、この人夫には周辺村落の百姓も想定されており、宇都宮宿が周辺村落百姓にとって労働力提供(稼ぎ)の場となっていたことが指摘されている[山本 二〇〇三]。

都市における基礎的労働の需要は、周辺村落から労働力提供者としての百姓の流入を招くのであり、都市においては一種の労働市場が形成されることになる。本章で主として考察対象とした下揖保庄の長夫のごとく、戦国期にかけて荘園の不知行化が進行するにしたがって、自然と長夫自体は消滅し、逆に日雇人夫の需要は増加することになったと推測される。

しかしながら、室町期の長夫も、すでに内実は従来の荘園制的夫役とは乖離しつつあったと思われる。『家』延徳四年三月二十四日条には、驚くべきことが記されている。この日山科家へ連れてこられた「下揖保長夫」は、「京之者」であると述べたというのである。建前上は、播磨国下揖保庄から上京したことになっている長夫が、実はお膝元の京にて調達された人夫だったのである。おそらくは、在地の百姓が払った夫銭によって京都の労働市場を通じて「長夫」が雇用されたのであろう。表向きは現夫であるが、実態は立派な代銭納である。

ここで想起されるのが、かの「物くさ太郎」が元来は村落共同体のメンバーではなく、百姓の課役を肩代わりする形で「長夫」を務めることになった、ということである。『物くさ太郎』の話の背景には、正規の村落構成員の外側に、村のために犠牲となる存在を日常的に扶養しておくような、中世の村のありようが想定されている[藤木 一九九八]。

中世後期の都市京都には、荘園領主の欲する基礎的労働の需要を満たすため、荘園村落から「長夫」という人夫が流入していたことは確かであるが、その実態は必ずしも村落構成員の勤仕というものではなかった。かつて拙稿で明らかにした、鎌倉期の長夫の「領主・領民関係を確認する儀礼的夫役」という本来的性格〔高橋 一九九九〕は、もはや有名無実化しているといってよいであろう。それにもかかわらずなお、荘園制的な「長夫」という課役の形をとって、都市の労働力の一部が調達されていたという事実を再度強調して、本章を終えることにしたい。

註

（1）その後、山科家の下揖保庄不知行化が進行したために、長夫の徴発も断絶したと思われ、大永七年（一五二七）に始まる山科言継《ときつぐ》の日記『言継卿記』には、下揖保庄長夫の関連記事は見られない。

（2）『山科家礼記』の文明三年冬記は、大沢久守の筆記したものと大沢重胤の筆記のものとが重複して存在することから、久守記、重胤記の別を記す。

4 室町期京都の所領管理

はじめに

「地子《じし》」とは、地主が借地人に賦課した地代であるが、そのなかでも屋敷地に賦課された地子（屋《や》地子《じし》）は、中世都市にみられる一般的な賦課形態であった〔網野 一九九六〕。中世の京都に、もっとも顕著にその痕跡が残されており、背景には瀬田勝哉氏の提起した「中世的土地所有関係」があった〔瀬田 一九六七〕。その関係とは、私的土地所有者である領主（地主）が、余剰の土地を、土地を持たぬ都市民（百姓）に預けて、地子と呼ばれる借地料をとる、というものであった。京都における基本的な対立関係は、地主と都市民（百姓）の間に存在したのである。なお領主（地主）とは、とりもなおさず、京都に集住し京都を分割領有していた荘園領主層のことであった。

このように中世京都において地子は、領主と都市民の関係を規定する重要な要素であった。その具体的な徴収の実態については十分には解明されていないが、東寺領については仲村研氏や馬田綾子氏の研究がある［仲村一九七五、馬田一九七七］。

まず仲村氏は、八条院町《はちじょういんまち》に関して、給主《きゅうしゅ》（所務職《しょむしき》）・定使・定使代《じょうづかいだい》（沙汰雑掌《さたざっしょう》）などの代官が地子徴収などの実務を担当したことを指摘している。いっぽう馬田氏は、八条院町のような一定区画を占めない、洛中の散在所領について、以下の点を明らかにしている。すなわち、東寺は所領一筆ごとに定使を派遣し地子徴収を行なったこと、定使の補任が寺僧《じそう》の評議に基づいていたこと、徴収した地子銭の一部が定使の給分《きゅうぶん》となったこと、地子銭滞納の時には定使が改替《かいたい》されること、である。

東寺領の事例を見てみると、「定使」（じょうづかい）[(1)]という職名の者が、地子徴収の上で何らかの役割を担っていたことがわかる。

定使という役職は、荘園の管理者として理解されることが多く、辞典類では「荘園の管理・経営にあたる荘官の一つで、年貢・公事《くじ》の徴収をはじめ検断《けんだん》のためなどに、領家《りょうけ》あるいは預所《あずかりどころ》の命をうけて現地に赴き、在荘の下司《げし》・公文《くもん》などを指揮して荘務にあたった中間的な荘園管理者」（吉川弘文館『国史大辞典』「定使《じょうし》」の項）というように説明されている。

また、保立道久氏は、定使に着目し、定使が年貢米の直接の計り手であったことを指摘している［保立一九九九］。この場合も、年貢が米納される地方荘園の定使が主たる分析対象となっている。

中世の京都が荘園領主の所領という側面を持っていたことから、京都の地子徴収にかかわった定使は、荘官としての定使の一形態ともいえる。しかし、地方の荘園と、領主の膝下において地子銭が徴収される都市京都とでは、当然ながら支配の構造が異なってくるわけであり、その実態についてはあらためて考察すべきであろう。また、東寺以外の領主の京都所領についても、地子徴収に関して定使の存在が重要視されるものか否かの検証も必要である。

そこで本章では、東寺領八条院町よりもさらに市街的色彩の濃厚な地域に位置し、公家の所領であった室町期の冷泉院町《れいぜいいんまち》を主な対象とする。そして、京都内の他の事例も加えつつ、地子徴収の過程において定使がどのような役割を果したか、定使の存在形態はいかなるものであったかを考察することにしたい。

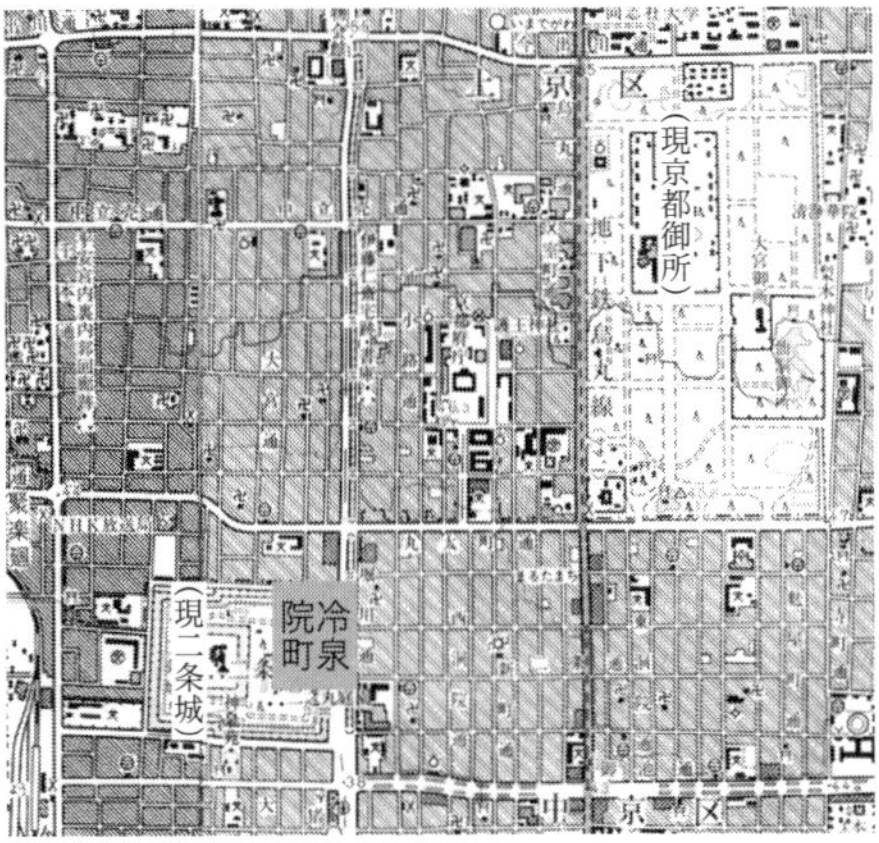

図1　冷泉院町の位置

1　冷泉院町の構造と領有

1節では、考察に入る前の予備作業として、主な対象となる冷泉院町の位置、空間的構造、領有の形態について概観しておきたい。

冷泉院町は、嵯峨《さが》天皇ほか歴代天皇の後院《ごいん》となった冷泉院の跡地に位置する。冷泉院は、左京二条二坊三・四・五・六町（大炊御門大路《おおいみかどおおじ》以南・二条大路《にじょうおおじ》以北・大宮大路《おおみやおおじ》以東・堀川小路《ほりかわこうじ》以西）の二町四方を占める大邸宅であった（『日本歴史地名大系　京都市の地名』平凡社、『角

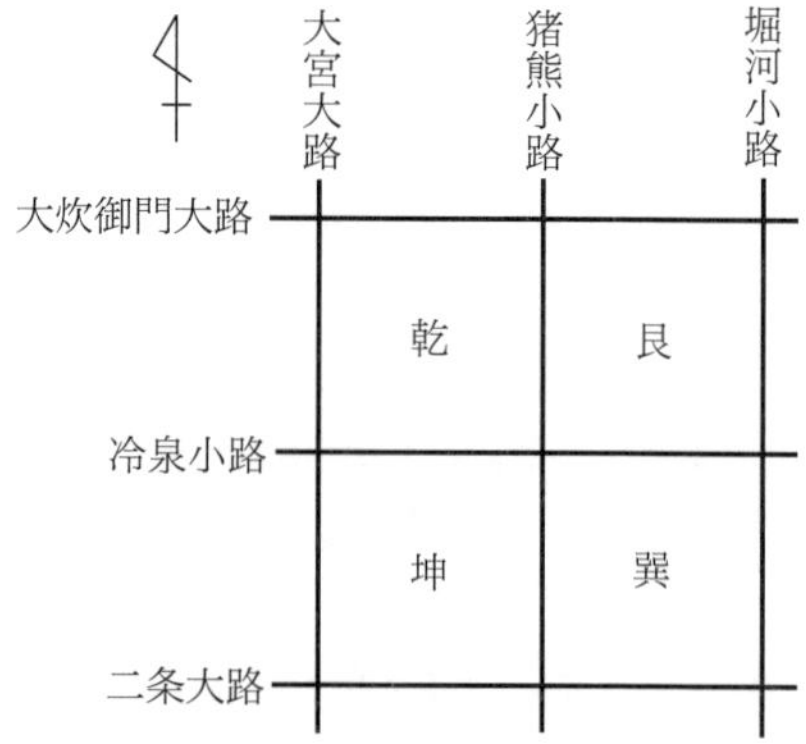

図2　冷泉院町概略図

川日本地名大辞典　京都府下』）。かつての大内裏《だいだいり》の東南に隣接し、神泉苑の北東の位置にあたる。現在の景観に即してみれば、およそ二条城の東北部分に該当する。

　十一世紀頃には冷泉院は大きく変貌していたようで、そのことは『今昔物語集』巻二七—五の「冷泉院ノ小路ヲバ開キテ、北ノ町ハ人家共ニ成テ、南ノ町ニゾ池ナド少シ残テ有ケル。其ニモ人ノ住ケル」という記述がある。戸田芳実氏は、この叙述に着目し、権門の邸宅が退転した跡に人家が群集して建ち、小路が開かれ、新しい町が開かれたという事実を摘出している〔戸田一九九一〕。

　さらに時代が下り、鎌倉後期には当該地区は「冷泉院町」と呼ばれ、外記《げき》・史《し》・蔵人所《くろうどどころ》職員の所領となっていた。それを示すのが、『康富記《やすとみき》』宝徳《ほうとく》元年（一四四九）四月八日条に引用されている応《おう》永《えい》三十二年（一四二五）十二月二十七日常寂《じょうじゃく》（広橋兼宣《かねのぶ》）書下《かきくだし》の、次のような記述である。なお、〔　〕内は原文注（以下同じ）。

　六位外記史と蔵人所仕人の相論する冷泉院町〔堀河以西、二條以北、大宮以東、大炊御門以南、〕の内、外記・史知行は、乾艮〔東堀河、西大宮、南冷泉、北大炊御門、〕両町なり。元応・正中支証に分明か。仕人知行は、巽坤〔東堀河、西大宮、南二條、北冷泉、〕両町なり。

元応《げんおう》・正中《しょうちゅう》のころには四町のうち、北半分の二町（乾《いぬい》・艮《うしとら》）が六位の外記・史の所領、南半分の二町（巽《たつみ》・坤《ひつじさる》）が蔵人所仕人の所領となっていたことがわかる（図2参照）。『今昔物語集』に現われた「北ノ町」と「南ノ町」が、そのまま領有の単位となったものと考えられよう。

さて、『康富記』（『増補史料大成』所収）は室町中期の外記中原康富の日記であるが、鎌倉後期から引き続いて、六位外記が冷泉院町乾艮（北半分）に権益を有していたらしく、同史料には冷泉院町に関する記事が多く見られる。よって以下では、室町中期の冷泉院町（北半分）について、『康富記』を主たる史料として考察を加えていきたい。史料の引用にあたっては、『康富記』の記事については史料名を略して年月日のみを記す。なお、（ ）は筆者注を表わす。

では次に、具体的にどのような形で冷泉院町の支配・領有がなされていたかを概観してみたい。

〈史料1〉 文安四年（一四四七）十月十九日条

冷泉院町（乾艮）定使長島勘解由入道来り申して云わく、安大史（安倍）盛久此春死去せしめ、夏地子よりその分を除くべきの處、近年死闕といい、辞退といい、後一季は猶知行せしめ来るの間、夏地子分盛久遺跡尚取なり。然る間冬季よりは、予、二臈（清原）〔忠種〕、三臈〔布護〕（中原康顕）、高大史（高橋員職）、左一史（安倍盛時）、五人同分たるべきの處、此春高大史申して云わく、向後此地子各半分ニ支配して、外記・史方方各別にすべし、外記人数多とも少とも、外記方内にて割分あるべし、又史人数多とも少とも史内にて割分すべきなり、以前の如く外記史相合テ割分すべからずと云々。（中略）よって此掟子細あるべからずの由予返答おわんぬ。（中略）

又申して云わく、今季倉地子六貫なり。此内五百定使之を取る。

史料1は、冷泉院町の地子銭の分配方法をめぐる記事である。基本的には、冬地子と夏地子との年二回の賦課があったことが読みとれる。さらに詳しく見ると、この年の夏地子は、六位の外記である中原康富（記主）・清原忠種《ただたね》・中原康顕《やすあき》（康富嫡子）と、六位の史である安倍盛久《あべもりひさ》（春に死去するが、遺族が取得）・高橋員職《かずもと》・安倍盛時《もりとき》の計六人によって等分されたようである。

安倍盛久遺族分は一季限りという規定で、次の冬地子では残りの五人で分配することになる。ただ、全体を五等分するのではなく、外記分と史分とでまず二等分し、さらにそれぞれを外記は三人で等分、史は二人で等分している。したがって、一人あたりの取り分は外記よりも史が若干多いということになっている。

また、一般の地子のほかに「倉地子」というものが賦課されていることもわかる。

しかし、地子の分配方法は固定的なものではなく、三年後の史料2の事例では、異なる方法がとられている。

〈史料2〉　宝徳二年（一四五〇）七月九日条

冷泉院町〔艮乾、〕定使長嶋入道申し来りて云わく、官務（小槻長興）に参りおわんぬ、院町地の事、六位外記史同分割分すべきの由、命あるの間、当時外記三人〔忠種、康顕、（中原）康純〕、史四人〔（小槻）通音、（高橋）俊職、康純、（安倍）盛俊〕、七人多少の差無く同分すべきの由、成敗あるの間、康純外記・史両分進すべきの由之を申す。祝著の由返答おわんぬ。

この時には、六位の外記は清原忠種・中原康顕・中原康純《やすずみ》（康富養子）の三人、六位の史は小槻《おづき》通音・高橋俊職《としもと》・中原康純・安倍盛俊の四人であった。外記と史の区別なく、合計七人で全体を完全に七等分する方法がとられている。康純は外記と史を兼任していたため、都合二人分を受領することになり、養父康富は「祝著《しゅうちゃく》」と喜んでいる。

このように、細かく見ると地子の得分に多少の差があったが、室町中期の冷泉院町では、外記局構成員のうち六位の外記と、弁官局構成員のうち六位の史が、ほぼ対等の権益を持ちつつ共同で支配を行ない、百姓（居住者）から地子を徴収していたことがわかった。いわば、冷泉院町は外記局と弁官局の官司領としての性格を持っていたのである。

もうひとつ史料1・2からわかることは、冷泉院町の「定使」を名乗る「長島《ながしま》勘《か》解由《げゆ》入道《にゅうどう》」なる人物が、地子徴収に関与していたことである。しかも史料1によれば、定使長島は、倉地子の一部を与えられており、地子のうちから給分を得る存在であったと考えられる。よって、定使が、領主である六位の外記・史に代わって冷泉院町全体の地子徴収にたずさわる立場にあったと予想される。具体的にどのような形で関与していたかは、次節で改めて考察することにしたい。

2　都市における定使の職務内容

2節では、『康富記』に見える冷泉院町定使長島の活動を中心に、室町期の京都における定使の職務内容を考えてみる。以下、その主なものを五項目に分類し、順次述べていこう。

⑴ 地子の徴収・分配

1節の史料1・2でみたように、定使長島は地子の分配方法の確認を行なっていた。よって、冷泉院町の場合、徴収された地子銭は、定められた配分方法にしたがって定使が領主各人に分配したと推測される。

実際、宝徳二年(一四五〇)七月十三日条によれば、「院町地子、指次康純割分且五十疋、始めて長嶋入道の許より之を送る」とあって、中原康純分の地子が定使長島入道から届けられているのである。これは、定使が地子銭を分配する直接の責任者であったことを示すものである。

また、後述するように、長島勘解由入道は宝徳三年(一四五一)に死去し、長島与次郎が後任の定使となるが、長島与次郎も同じく地子の分配をつかさどっている。たとえば享徳《きょうとく》三年(一四五四)七月二日条には、「冷泉院町夏地子、法花堂より五貫文、堀川道場より一貫五百文、沙汰致す。長島(与次郎)此亭において支配せしむるものなり」とあり、中原康富邸において長島与次郎が夏地子の「支配」つまり分配作業を行なっている。

次の史料3においても、与次郎の活動が確認できる。

〈史料3〉康正元年(一四五五)七月五日条

冷泉院町夏地子の内、法花堂分二貫五十九匹、定使長嶋(与次郎)の許より之を沙汰す。〔人別八百六十五文充なり。隼人一分、三臈外記史二分、以上三分、之を合す」。中原康顕・康純分の夏地子が、定使の長島与次郎のもとより、まとめて送付されてきているのである。

このように、冷泉院町の地子が定使によって各領主に分配されていることから、定使が冷泉院町の百姓(居住者)より地子を徴収して集約し、その後にあらためて各領主の配給分を分配していると考えられる。

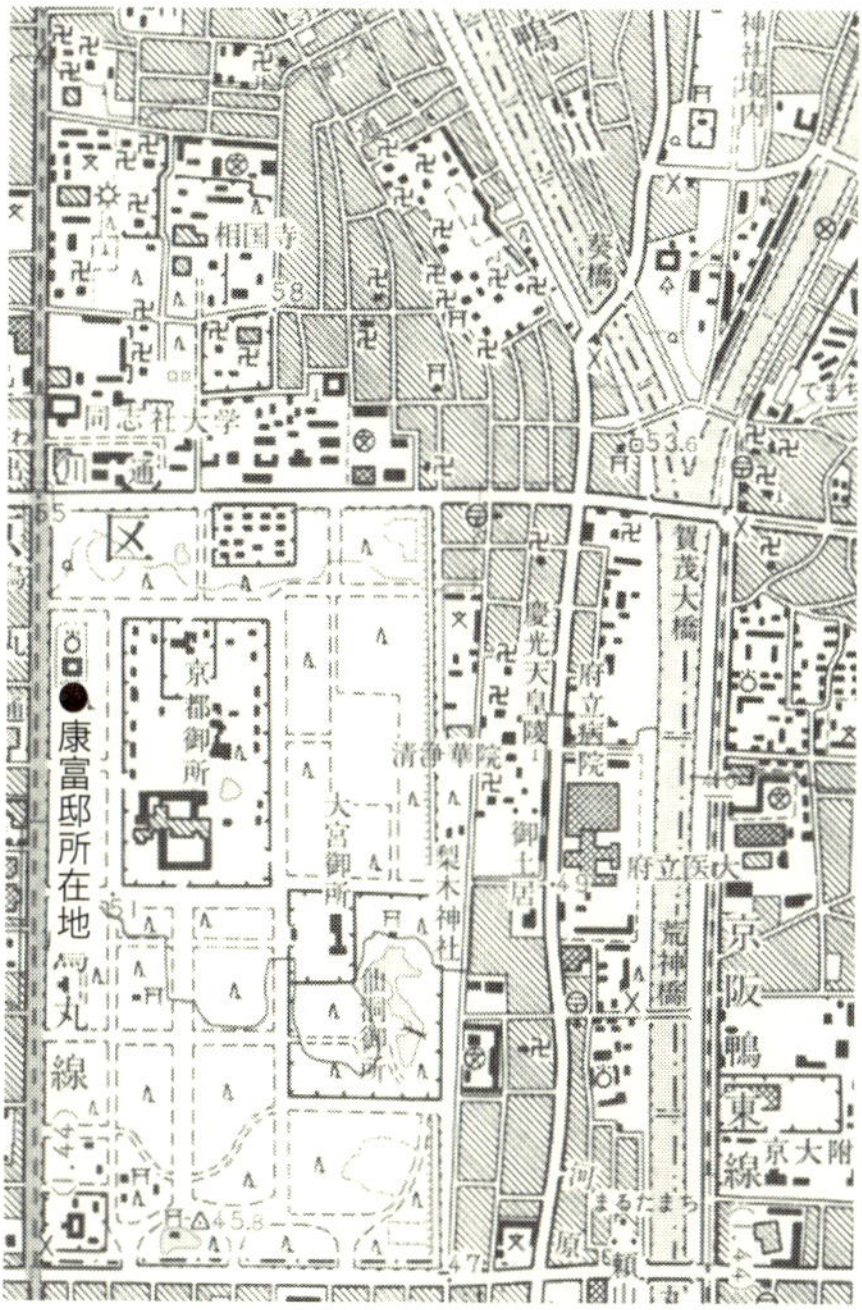

図3　康富邸の位置

定使が実際に冷泉院町の百姓宅に赴き、地子を徴収しているという具体的な史料は、残念ながら『康富記』には見当たらない。ただ、場所は冷泉院町ではないが、定使が地子徴収を行なっていたことを推測させる記述は存在する。それは、他ならぬ中原康富邸の隣接地の地子に関するものである。

康富邸は、一条以南・正親町《おおぎまち》以北・東洞院《ひがしのとういん》以西・烏丸《からすま》以東の方

一町を占める後小松院仙洞御所《せんとうごしょ》跡地に存在した。この仙洞跡地については高橋康夫氏の研究に詳しいが〔高橋 一九八三〕、それによれば永享《えいきょう》八年(一四三六)に同地は伏見宮貞成親王《ふしみのみやさだふさしんのう》の所領となり、貞成からさらに何人かに分け与えられた。康富は貞成の次子貞常《さだつね》親王の侍読《じどく》(読み書きの指導役)であったことから敷地を与えられ、自宅を構えたのである。

加えて康富は、文安《ぶんあん》元年(一四四四)には伏見宮家から自宅の東隣の敷地をも与えられた。この東隣の地に関して、宝徳元年(一四四九)閏十月五日条には「両季御地子、子細無く沙汰申すの条、定使の請取之在り」と記されている。康富は春秋二季の地子を領主伏見宮家に納入していたのだが、その証拠書類として「定使の請取」の存在を強調している。

この記述より、領主伏見宮家の定使が、康富をはじめとする敷地の借り主(百姓)に対して地子銭の請取状を渡していたことがわかる。定使が地子銭徴収の担当者であったからこそ、定使名義の請取状が出されていたのであろう。

時代は少々下るが、『言継卿記《ときつぐきょうき》』(続群書類従完成会刊の刊本による)の天文《てんぶん》二十一年(一五五二)二月二十一日条には、地子の請取状についての記述がある。

〈史料4〉

去年分地子、定使召し寄せ悉く之を渡し、皆済の請取之を出す。以上四十疋半計りか。

この記事は、後にも触れる室町後期の公家山科言継の邸宅に関するものである。邸宅の所在地は、一条烏丸、すなわち中原康富邸と同じく後小松院仙洞御所跡地の方一町内部であった。言継は定使に地子を手渡し、引き換えに請取状を交付されている。まさに、定使が直にその手で地子銭を徴収して請取状を発給していたことが明らかになるのである。

さて、洛中の地子銭の請取状というものが具体的にどのような形態のものであったかは、『山科《やましな》家礼記《けらいき》』(『史料纂集』所収)長禄《ちょうろく》元年(一四五七)十二月二十六日条に「坊城地子請取案」として記載されているものが参考となる。次に史料5として掲げる。

〈史料5〉

請取　樋口坊城冬地子の事

合わせて壱貫文てへり。

右、請け取るところ件の如し。

あふらこうちのくるま屋

二郎九郎判

長禄元年十二月十日　判

樋口坊城地《ひぐちぼうじょうち》は山科家の洛中所領のひとつである。菅原正子氏の研究によれば[菅原 一九九八]、山科家の洛中所領においては、家司《けいし》が「奉行」に任命されて経営が行なわれていた。よって、史料5の奥の判は署名が略されているが、おそらくは『山科家礼記』の筆者で山科家家司の大沢久守《ひさもり》であり、彼が樋口坊城地の奉行であったろう。そう考えると、連署している「二郎九郎」は、どのような立場の者になるであろうか。

右の疑問を解くヒントとなるのが、次の史料6である。

〈史料6〉『山科家礼記』寛正四年(一四六三)二月二十六日条

御倉町四町々より一貫文ふるまう。今度地口免状とり候とて、いつも此の如きなり。定使もとる。

御倉町《おくらまち》(近衛堀川)もまた、家司が奉行として管理する山科家の洛中所領であったが、史料6より奉行の下で定使が活動していたことがうかがわれる。樋口坊城地においても同様の管理体制がとられていたと想定されるから、史料5の二郎九郎も定使と考えられる。

中原康富邸周辺の後小松院仙洞御所跡地や、冷泉院町においても、史料5に類似する地子銭請取状が、定使の手から百姓に渡されていたと思われる。定使発給の地子請取状の存在は、定使が地子銭の徴収を職掌としていたことを裏付けるものである。

(2) 地子滞納者の譴責

ところで、地子銭の徴収は必ずしも円滑に行なわれるとは限らない。地子銭を支払わず滞納する者も当然いた。この地子滞納者への催促・譴責《けんせき》の任務に定使があたっていたことは、冷泉院町の例ではないが、いくつかの史料に見えている。

最初に、山科言継邸の例を見てみよう。言継邸は先に触れたように一条烏丸の後小松院仙洞御所跡地にあった。言継邸が存在する土地は、領主伏見宮家から柳原家へ預けられた部分であり、さらに代官として総持院寿正軒《そうじいんじゅしょうけん》が管理にあたっていた。(2)

ところが、天文二十一年(一五五二)二月十七日、山科家において前年分地子の未進があったため、譴責の使者が言継邸に乱入するという事件があった。言継が幕府侍所に訴えた書状(『言継卿記』同年三月七日条所収)には、次のように記されている。

当敷地より柳原家え〔へ〕地子沙汰候。然るに去年少分未進と号し、去月十七日各罷り出て、児女子計り之ある所へ、総持院殿内寿正軒の所行として、強方を相語らい打ち入り、雑具数多破却せしめ焼火す。言語同断のていたらく、前代未聞の次第に候。

言継の留守宅に、総持院寿正軒の命で、「強方」いわば強面《こわもて》の者が乱入し、家具を破壊し焼き捨てるなどの乱暴をはたらいたのである。この譴責を受けた言継は、結局のところ後日に定使を呼び寄せ地子を支払うことになったが(史料4参照)、乱暴狼藉については憤懣至極《ふんまんしごく》であり、幕府にあれこれ働きかけた結果、次のような次第となった。

〈史料7〉『言継卿記』天文二十一年三月二十五日条

地子の儀につき狼藉せしむ、総持寺殿寿正軒使侍従、同定使紺屋両人、今日逐電す。定使の家、大館内富森、御乳人の内池、飯尾左衛門大夫者等罷り向かい、門之を結いおわんぬ。

史料7から、山科邸への狼藉の実行犯は、「使」侍従《じじゅう》・「定使」紺屋《こんや》の両人であったと推定される。この日、両人は逐電し、定使の家は幕府の手によって門を結い封鎖されたのである。なお、侍従という人物は「悪僧侍従」(『言継卿記』同年三月二十日条)とも呼ばれており、「相語《あいかた》」らわれて乱入した「強方」に相当するのではないかと思われる。主犯格はむしろ定使で、そのために定使の家のみが封鎖されたのではなかろうか。いずれにせよ、定使が地子滞納者の譴責に関わっていたことは明らかである。

同じく山科言継邸の地子については、『言継卿記』永禄《えいろく》二年（一五五九）七月十九日条にも、「一昨日此宿の地子積もるの間、戸を閉ずべきの由定使申すと云々。予居住の処狼藉の至、不可説々々々」とある。地子滞納により、定使が言継邸の戸を結い付けて封鎖しようとしたというのである。史料7では明確ではなかったが、この記事では、定使が地子滞納者に対して譴責を行なう中心的な立場にあったことがわかる。

続いて、南北朝時代の東寺領八条院町の事例を見てみよう。延文六年（一三六一）の『学衆方《がくしゅかた》評定引付《ひょうじょうひきつけ》』（『東寺百合文書《とうじひゃくごうもんじょ》』ム函三八号。『大日本史料第六編之二十三』所収）から、五月二十六日条を次に引用する。

一、院町給主源秀申す、院町内八條坊門東洞院又二郎并びに与力人彦太郎悪行の事。件の又二郎男、地子難渋の間、定使検封せしむるの處、即時に之を切り破りおわんぬ。よって又戸を放ち取るの處、定使重ねて恥を与えおわんぬ。しかのみならず与力人彦太郎散々悪行に及びおわんぬ。

地子を滞納した又二郎の住居を定使が封鎖したところ、又二郎は即座にこれを切り破り、それではと定使が戸を取り捨てると、今度は定使に恥辱を与え、又二郎に加勢した彦太郎も散々の悪行に及んだ、ということである。この場合は、百姓の逆襲を受けてはいるが、地子滞納者の譴責を定使が執行していることは確かである。

これまで見てきた事例より、地子徴収の担当者である定使が、同時に滞納者への譴責も行なっていたと考えられる。

(3) 検注

地子滞納者の譴責とともに、地子徴収と密接にかかわる業務として、敷地の検注《けんちゅう》があった。土地の借り主各々が納入すべき地子銭の額は、敷地の面積によって決定される。そのためには、面積の測定作業である検注が不可欠となる。

冷泉院町に関しては、残念ながら史料が見当たらないが、東寺領の八条院町や巷所《こうしょ》においては、東寺が検注を行ない地子銭の額を決定した上で徴収したことが、馬田綾子氏の研究ですでに指摘されている〔馬田 一九七七〕。

ただし、馬田氏の研究では八条院町における地子銭徴収・検地・散用状《さんようじょう》作成などの支配行為は主として給主によってなされていたとされており、定使については言及がない。八条院町の代官構成では給主が最上位で、定使はその下に位置づけられていたから〔仲村 一九七五〕、最終的には給主の責任において職務が遂行されたことは確かであろう。しかし、検注の実務を担当したのは定使であったことを推測させる史料が存在する。

〈史料8〉『学衆方評定引付』応永十年(一四〇三)九月二十日条(『東寺百合文書』ネ函七二号。『大日

本史料第七編之六』所収）

一、院町荒不作の事、数十年に及び立用の條、甚だ然るべからずの間、良快法眼を召し、彼の在所に向かい、見知すべきの由、申し付けおわんぬ。よって良快法眼□定使祐尊法眼、事の仔細を相尋ぬるの處、不作一所もなき由申すの間、此分披露の處、所詮応永四年より散用状を挙げざるの間、彼の散用状荒不作を立つべからざるの由、衆儀たるの間、此分高井法眼に申し付けおわんぬ。

文中に虫損があり、やや文意が取りにくいが、おおよその内容は把握できる。すなわち、八条院町内の荒不作とされる土地を実検するように、東寺学衆方より良快法眼《りょうかいほうげん》に指示があり、良快が定使の祐尊《ゆうそん》法眼に子細を尋ねたところ、実は不作の場所は一ヶ所もないことが判明したという。したがって、実際に検地を行なったのは定使の祐尊であったと考えられる。

また、今後は散用状に荒不作の項目を立てないように高井《たかい》法眼に指示があったという。実はこの高井法眼は、定使の祐尊と同一人物で、むしろ研究史上は播磨国矢野庄の代官を務めたことで著名な人物である。

史料8は、八条院町とはいうものの、「荒不作」とあるように、屋地ではなく耕作地に関する事例かと思われるが、定使が検地・散用状作成の実務を担当していたことがわかる。屋地についても、同様であったと推測されよう。

さらに、室町時代のものと思われる『冷泉家古文書』中の五条坊門大宮地指図（冷泉家時雨亭文庫編『冷泉家時雨亭叢書五一　冷泉家古文書』一六二号文書)には、「これも余所へまきれ申し候哉のよし、御定使申し候」、「これも御定使認め仕り候」といった書き込みがある。これもまた、定使が敷地の検注に関わり、敷地の子細を把握していたことを示すものではなかろうか。

以上より、地子銭賦課の基礎となる検注も、定使の職務内容のひとつに数えてよいであろう。

(4) 敷地管理

検注以外にも、定使は日常的な敷地管理の実務を担っていた。たとえば、屋地の打ち渡しがそれにあたる。先に触れた中原康富邸の敷地について、嘉吉《かきつ》二年(一四四二)十一月十二日条には、「伏見殿御地定使左衛門太郎来り申して云わく、予敷地の奥、当時下さるる分、南北八丈なり。今度二丈余地出来の間、庭田(重有)殿につき申し入るの處、子細なく下されおわんぬ。存知すべきの由、来り申すもの也」とある。

従来借用していた敷地の奥に二丈ほどの空き地ができたため、康富は伏見宮の近臣庭田《にわた》を通じて、この分も合わせて借用したいと申請した。これが許可されたことを、定使の左衛門太郎が知らせに来たのである。

定使は単に連絡に来たのではなく、敷地を康富に預けた、すなわち打ち渡しを行なったものと理解される。それを裏付けるのが、康富邸東隣の敷地の事例で、文安元年(一四四四)八月七日条に「東隣の敷地〔口東西二丈、奥南北八丈〕、伏見殿より之を預け下さる。定使左衛門太郎之を打ち渡す。〔二宮弥次郎跡なり」」と見えている。よって、敷地の打ち渡しが定使の職務であったと言える。

同じく敷地管理の一部と考えられるが、冷泉院町では定使が闕所屋《けっしょや》の処分に従事していた。文安五年（一四四八）七月二十八日条によれば、定使の長島が康富邸を訪れ、「冷泉院町艮町内、闕所小屋二宇之あり。先例に任せ申し請うべきか」と告げている。敷地内の町屋が幕府侍所の検断を受けて闕所屋となったことを即座に把握し、領主がしかるべき手を打つように進言しているのである。定使の言にしたがって康富は侍所所司代《しょしだい》の許へ向かうが、留守であったため、結局定使の長島にその後の交渉は委ねてしまった（同三十日条）。結末は不明であるが、首尾良く闕所屋の権益を侍所から保証された場合は、定使がその処分をまかされたものと考えられる。

また、康富邸東隣の敷地に関して、文安元年（一四四四）八月八日条は「東隣二宮弥次郎逐電の跡小屋の事、領主より先ず之を毀ち置く。定使左衛門太郎に預け下さるるものなり」と記しており、敷地の打ち渡しに先駆けて闕所屋の取り壊しが行なわれ、解体されたあとの部材が定使に預けられている。この事例は、定使が闕所屋の処分を職務としていた証拠となろう。

(5) 対外的な交渉

冷泉院町の定使長島は、領主たち（『康富記』ではしばしば「知行衆」などと表現される）を代表して、対外的な交渉にあたっていた。享徳二年（一四五三）五月二十日条には、次のような記述がある。

長嶋与次郎院町惣衆使として、玉村の許に罷り向かう。法花堂の返事相違の故なり。予折紙を注し、折紙を申し遣しおわんぬ。後日玉村返答して云わく、寺の返事謂われなく候、此趣早く伝達すべしと云々。

定使長島が、冷泉院町内にあったと思われる法華堂（史料3において冷泉院町夏地子内として法華堂分が見えている）の件で、「院町惣衆」の使者として玉村という者のもとへ向かっている。

また、冷泉院町の例ではないが、史料6からは定使が地口銭《じぐちせん》免除のために奔走したことがうかがわれる。この時期には、洛中地口銭の免除権は、幕府の地口銭担当奉行とその上位にある造営惣奉行の手にあった［高橋 一九九六］。こうした奉行人との交渉にも、定使があたっていたのであろう。

右のような敷地内の権益に関する交渉は、ある意味では当然予想される職務であるが、冷泉院町定使長島の活動においては、むしろ借銭関係の交渉・仲介の事例が数多く見られる。文安元年（一四四四）八月十七日条は、その一例である。

院町定使勘解由方より定蔵坊借物内三百五十八文之を送る。寄合知行衆貳百疋借り取りおわんぬ。土倉の地子をもて兼用すべきの由、之を書き載す。大学（清原親種）・安大史（安倍盛久）、外記史の一臈の間、両人加判借書之を遣すと云々。

冷泉院町の領主たちが、院町の土倉《どそう》地子の納入分に充てるという条件で、定蔵坊より二百疋の借銭をしている。定蔵坊は冷泉院町内に存在する土倉で（『押小路文書』応永二十二年十一月二日伊勢貞経書状、『北野天満宮史料 古文書』応永三十二年十一月十日酒屋交名などより判明。中島圭一氏の教示による）、その土倉に賦課する地子銭をいわば前払いしてもらったということになろう。定蔵坊からの借銭を領主各人に分配する作業を行なっているのが、定使長島勘解由入道である。したがって、実際に定蔵坊と借銭の交渉を行ない、銭を借り受けてきたのも定使であったと考えられる。

　それだけではなく、文安四年（一四四七）十二月二十八日条には「院町定使長嶋勘解由入道、円福寺に詣で、借物五結の事之を申し請う。彼の入道を以て請人として加判せしむ」とあって、定使長島が借金の「請人」として借銭状に判を加えているのである。実際の借銭の借り主は、冷泉院町の領主たちであったはずである。

　享徳二年（一四五三）七月二十六日条では、「詫美七郎の許より借る二百疋到来す。長嶋（与次郎）口入なり」と記されており、定使長島が借銭の「口入」をしていることがわかる。これもおそらくは、領主たちの代理として借銭の交渉をし、請人として加判する行為を指していると思われる。

　こうした領主のための借銭の交渉も、定使が、地子銭の納入状況を常に把握し、地子銭を一括して管理する立場にあったからこそ、可能であったと言える。

3　定使の存在形態

　都市京都において、地子徴収などを職務内容として活動した定使は、どのような身分として位置づけられ、存在形態としてどのような特徴をもっていたのであろうか。まずは、冷泉院町定使の長島を例にとって考察をしてみよう。

興味深い事例として、定使長島の自宅において、しばしば冷泉院町の領主たち(知行衆)が会合をもっていたことが指摘できる。たとえば文安元年(一四四四)二月十日条には、「院町定使長島勘解由男宅に於いて、彼の地知行の衆会合す」とある。このことは、冷泉院町の支配の実務が定使を中心として行なわれていたことを示すが、同時に長島の住宅が、領主数名の会合に使用できる、それなりの規模であったことを意味している。

また、前節の(5)でみたように、定使長島はしばしば領主のために借銭の仲介をし、請人となっている。それはもちろん、定使が地子徴収の直接の担当者であり、地子銭を前払いする形での借銭を持ちかけるなど交渉が可能な立場にあったからである。しかしそれだけではなく、長島個人が、請人として借銭の貸し手からも認知されるだけの経済的信用度を持っていたとも言える。

ところで、長島邸の場所については定かではないが、文安四年(一四四七)九月二十九日条には「早朝北野社并びに千本歓喜寺に詣づ。又長島の許を過ぐ」とあるから、一条烏丸の中原康富邸から北野社・千本《せんぼん》歓喜《かんき》寺《じ》への途中に位置していたようであり、都市京都の住人であることは間違いない。

このように見てみると、定使長島はある程度の経済力を持つ都市住人、と位置づけられる。

図3　京の町屋と人々の生活
(『洛中洛外図屏風』米沢市上杉博物館蔵)

さて、『康富記』からは、記主の康富と定使長島の密接な交流がうかがわれるが、宝徳三年(一四五一)三月十九日条は「後に聞く、院町定使長嶋入道今日死去と云々。妻女今月二日円寂と云々」と長島勘解由入道とその妻女の死去をわざわざ記している。その後、同年七月二十日条に至り、「長島与次郎の許を過ぎ面謁、亦一盞あり」として、長島与次郎の名が登場する。このとき以降、与次郎が定使の職を継いだのであろう。

確証はないが、長島与次郎は長島勘解由入道の子息もしくは後継者と考えられるから、冷泉院町の定使は世襲されていた可能性が高い。しかしながら長島は、外記中原家に代々仕える家司、といった存在ではない。なぜならば、『康富記』に現われる長島は、常に冷泉院町と院町領主全体に関する事項で活動しており、それ以外の用件で中原家のために活動している事例は皆無であるからである。

また、厳密には冷泉院町の領主たる資格を持つ者は六位の外記・史であるが、長島はしばしば、五位の史で弁官局の筆頭である官務や、五位権大外記《ごいのごんのだいげき》である中原康富の指示をも仰いでいる(史料2などを参照)。したがって、冷泉院町定使は太政官弁官局と外記局の両方に所属する下級官人とみなすことができる。ただし、この両属関係は、冷泉院町が外記局・弁官局の共同の所領であったことに起因するもので、弁官局・外記局が官司として一体化していたわけではない。

さらに、冷泉院町定使は、下級官人のなかでも「公人《くにん》」とよばれる身分であったと想定される。稲葉伸道氏が明らかにしたところによると[稲葉 一九九七]、中世の公人は大きく三類型に分類されるが、そのうち下級官人を公人と称する例は、従来の体系にない新しい役職を持つ官人を表現するために創出されたもので、平安末から鎌倉初期に登場し、室町期に多用されるという。代表的な事例として稲葉氏は、主殿寮《とのもりょう》年預《ねんよ》を世襲した伴《とも》氏をあげているが、冷泉院町定使の長島氏も、同様に公人とみなしてよいであろう。応永三十年(一四二三)十月十五日条によれば、九条清房邸での連歌会で長島が発句を詠んでおり、公家社会の一員としてさまざまな付き合いがあったことが推測される。

定使という職が存在した官司は、ほかにも指摘することができる。応永十四年(一四〇七)十月十三日定使竹若安堵状(『東寺百合文書』ソ函一三八号。東京大学史料編纂所架蔵写真帳による)は、右京《うきょう》職《しき》が東寺に対して、本役《ほんやく》の納入を条件に八条朱雀の巷所の知行を安堵したものである。鎌倉末期以降、京中の巷所は京職《きょうしき》の所領となっていたのである。したがって、右の安堵状に署判している定使竹若《たけわか》は、右京職に所属する定使で、巷所の管理・本役の徴収などを担当していたと考えられる。

こうした官司所属の公人としての定使は、鎌倉時代にさかのぼってその姿を確認することができる。『民経記《みんけいき》』紙背《しはい》文書中の嘉禄《かろく》二年(一二二六)八月八日橘氏女申状(『大日本古記録　民経記一』)には、施薬院《せやくいん》に所属すると思われる施薬院町の定使が登場している。

冷泉院町定使の長島の身分は、鎌倉時代から見える官司所属の公人の一形態、と言うことができる。そして、官司請負制のもと、おそらくはその職を世襲していたと考えられるのである。

それでは、他の所領の場合、たとえば京都の寺社領における定使は、どのような身分のものであったであろうか。関係史料に恵まれている東寺の例をもって検証してみたい。

東寺寺官《じかん》について包括的に考察を加えた富田正弘氏の研究によれば〔富田 一九八五〕、荘園の定使は、寺内身分としては最下層に位置する「下部《しもべ》層」をもって充てたという。しかし、八条院町定使の場合は必ずしもそうとは言えない。すでに保立道久氏がその多彩な経済活動に注目している定使の千宝《せんぽう》という人物は、下部層より上位の中綱《ちゅうごう》層に分類される〔保立 一九九九〕。また、史料8に登場した祐尊は、さらに上位の三綱《さんごう》層にあたる。ただ、祐尊が定使を務めた応永年間は、一般に中綱層から補任される納所《なっしょ》(年貢納入を管理する職)の職に三綱層が就いていたやや特殊な時期であり〔富田 一九八五〕、例外的な事例とみてよいであろう。

加えて、富田氏の整理に従うと、中綱・職掌・下部は「公人」として一括される。したがって、八条院町の場合も、保立氏が東寺所領全般について指摘しているように、公人こそが定使の中心ととらえることができる。

実際、年未詳八条院町定使職補任衆勘状(『東寺百合文書へ函』。『大日本古文書　東寺文書之二』四一号文書)において、「器用」すなわち適任者として八条院町定使の候補にあがっている「琳覚《りんかく》」という人物は、他の文書(『東寺百合文書へ函』。『大日本古文書　東寺文書之二』四〇号文書)では「公人林覚」とも称されているのである[3]。

以上のような点から、京都における東寺領の定使も、冷泉院町などの公家所領と同様に、公人の役職と位置づけることができる。

いっぽうで、東寺領の定使は、冷泉院町定使長島のごとく、特定の家が世襲したのではない。右に見た琳覚の例は、他に競望の者もある中で彼を補任することが衆議にかけられているのであった。『二十一口方評定引付』応永十三年(一四〇六)六月十四日条(『東寺百合文書天地之部』。『大日本史料第七編之八』所収)も、定使の交替の史料である。

一、道観入道四條猪熊定使召し放つべき事
　彼の入道、去る四月廿二日、布施物無沙汰の條、是非無き事か。所詮先ず彼の定使は之を召し放ち、別の器用を補すべきの由、評議おわんぬ。

東寺領の洛中散在所領のうち、四條猪熊《いのくま》地の定使道観《どうかん》入道が、布施物の無沙汰を理由に改易され、別の「器用」の人物を定使に補任することで評議が決している。器用を選び補任するにしても、公人の中から選ばれたと想像されるが、ある特定の家が請け負う形にはなっていなかったようである。

さて、定使の存在形態でもうひとつ注目されることがある。それは、定使がある程度の経済力をもつ都市住人であったという点にもかかわるが、定使が他に生業を持つ場合があったということである。

史料5で、山科家領樋口坊城地の定使と推定された二郎九郎という人物には、「あふらこうちのくるま屋」という肩書きが付けられていた。これは、油小路に居住する車屋が、定使に任ぜられていたと解釈するのが自然であろう。史料7では、総持院寿正軒の定使が「紺屋」と称されている。これもまた、定使が別に紺屋も営んでいた事実を示すものであろう。

定使の中には、都市内に居住し、かつ一時的にまとまった金銭を手もとに留めることができるという立場を利用して、多角的な経済活動を行なう者もあったと考えられる。別の生業を持つ定使という存在は、その一端を示すものであろう。そうして経済的信用度が高まることにより、定使の適任者として領主から補任される可能性も高まるであろうし、また定使として活動する上でも（たとえば借銭の交渉などの局面において）有利に働いたものと思われる。

おわりに

最後に、本章で考察したことをまとめてみよう。

室町時代の冷泉院町は、六位の外記・史数人を領主とする二町規模の所領で、そこに居住する住人から徴収される地子銭が領主の収入となっていた。室町時代の都市京都においては、冷泉院町の例に代表されるように、定使が領主の代理人として、地子の徴収に直接関わっていた。

定使は①地子の徴収、②地子滞納者の譴責、③検注、④敷地管理、⑤対外的な交渉を主な職務としていた。しかし、②や③、④はむしろ①の実現のために、①から派生した職務と考えることができる。そして、⑤の多くを占める借銭の交渉は、定使が地子の徴収を行ない一括管理する立場であったことに関連して生じた職務である。

したがって、都市京都における定使は、地子の徴収を基本的な職務とすると言える。

都市京都の定使は、冷泉院町のような公家所領においては、下級の官人すなわち公人と位置づけられるが、それは東寺のような寺社領においても下級職員(公人)の職務であった。ただし、冷泉院町の定使は世襲されたが、東寺の場合は世襲ではなく、世襲性は定使の基本的性格とは言えない。また、定使の存在形態としては、ある程度の経済力を持った都市住人とみることができ、なかには他の生業を営むものも存在したのである。

結局、室町時代の都市京都において、領主・都市民の関係を規定する地子の徴収は、定使によって実現されていたと評価できよう。

なお、以上の考察を踏まえて、都市の定使と地方荘園の荘官としての定使の関係を、厳密に検討しなおすことが必要であるが、本章ではかなわなかった。今後の課題としておきたい。

註

(1) 『日葡辞書』では「ヂャウヅカイ」と発音されている[土井 一九八〇]。また、『言継卿記』天文二十一年二月二十二日条においては「ちやうつかひ」と記されている。よって、中世には「じょうづかい」と読んだと思われる。

(2) 山科言継邸の地子に関しては菅原[一九九八]に事例の紹介がある。

(3) 年未詳八条院町定使職補任衆勘状(『東寺百合文書へ函』。『大日本古文書　東寺文書之二』四一号文書)における編纂者による按文によって指摘されている。

II 寺社に集う人々

5　寺社と中世都市

1　都市における寺社の機能

都市の構成要素　日本の都市を構成する重要な要素のひとつとして、寺院や神社（寺社）がある。たとえば、近世の典型的な都市形態である城下町の基本要素とは、城郭と領主の館、武家地（家中屋敷）、足軽町、寺社地、町人地であるという〔吉田　一九九二〕。

近世城下町の原型と位置づけることができる戦国期城下町についても、軍事政庁地区、複数の町場、寺社群などから構成されると指摘されている〔市村　一九九四〕。寺社は、城下町の重要な要素のひとつであったのである。

都市における寺社の存在は、さらにさかのぼって中世前期にも確かめられる。たとえば、鎌倉幕府がおかれ武家の都市として発達した鎌倉においても、寺社は多数存在していた。しかも、有力な御家人《ごけにん》（武士）の居住地と寺社とが空間的に混然としていた。将軍の御所や北条氏嫡流（得宗《とくそう》）の邸宅などは、鶴岡八幡宮寺の門前に展開していた。また、名越《なごえ》地区には北条庶流の名越氏の邸宅と新善光寺などが存在し、甘縄《あまなわ》地区でも安達氏邸宅と無量寿院などが隣接しており、いずれも有力御家人の居住地と寺社とが密接な関係を持っていたのである〔高橋 一九九六〕。

また、中世前期の京都においても、洛中には公然とした存在として寺社が置かれることはなかったものの、鴨川《かもがわ》の東をはじめとする洛外の部分には多くの寺社が存在していた〔義江 一九八四〕。院政期に六勝寺《りくしょうじ》と総称される天皇家の菩提寺(御願寺《ごがんじ》)が次々と建てられて都市域が形成された白河や、六波羅《ろくはら》蜜寺《みつじ》や珍皇寺《ちんのうじ》などの寺社と六波羅探題を中心とする武家の本拠地が共存していた六波羅などが、その具体例としてあげられる。

越後府中と寺社　中世の都市では、一般に寺社がその構成要素として不可欠の存在となっていた。それでは、中世の都市において寺社がどのような機能を果たしていたのであろうか。中世後期の越後府中を例に、考察してみよう。

越後府中は、日本海に面した良港・直江津《なおえつ》を中心とする一帯(現新潟県上越市・旧直江津市地区)に古くより展開した港湾都市である。そのいっぽうで平安時代後期ころより越後の国府が置かれて、「府中」の名もそれに因むものである。

南北朝時代以降には越後守護上杉氏の政庁が置かれ、守護の本拠地(守護所《しゅごしょ》)として発展した〔斉藤 一九九二〕。なお、一般に守護所は、十五世紀後半以降には、守護館を中心に、守護代以下の武士の屋敷を周囲に集め、寺社や町屋をともなう「守護城下町」という段階に移行するとされている〔仁

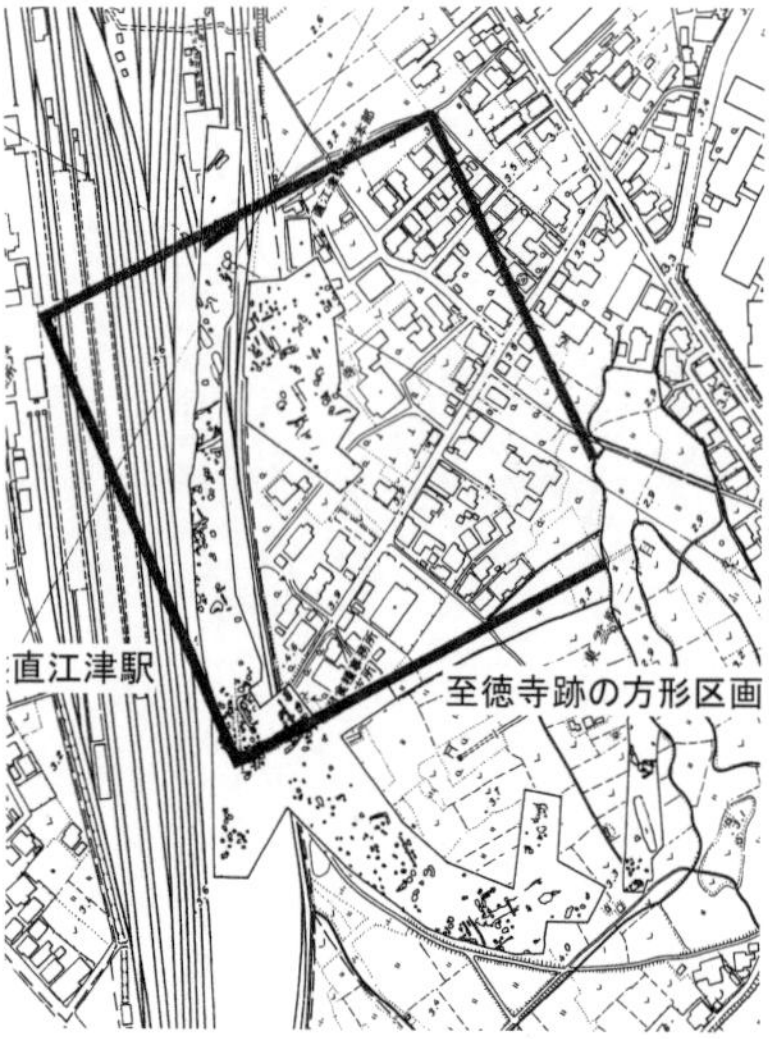

図1　至徳寺跡の方形区画（中世後期）

木一九九七〕。すなわち、南北朝時代から戦国時代の上杉謙信のころまでの越後府中は、守護の都市としても位置づけられるのである。

　中世後期の越後府中には、多くの寺社が存在した。そのうちの代表的なものに注目し、都市の中で寺社がどのような機能を果たしていたかをみてみたい。

至徳寺と文化人　まず最初にとりあげるのは、至徳寺《しとくじ》である。至徳寺は、越後守護上杉氏の一族である上杉憲将《のりまさ》の子である久庵僧可《きゅうあんそうか》(上杉氏で初めて越後守護に任じられた上杉憲顕《のりあき》の孫にあたる)が父憲将の菩提を弔うために開いた臨済系の禅寺である。「至徳」寺というその寺号から、南北朝時代の至徳年間(一三八四〜一三八七)もしくはその後あまり時間を隔てずに建立されたと考えられる。

　至徳寺は上杉謙信没後の「御館《おたて》の乱」と呼ばれる争乱で焼失、上杉景勝《かげかつ》によって復興されるが、近世初頭に景勝に従って米沢へ移転したため、現在は元の場所には残っていない。その所在地は、直江津駅南側の大字至徳寺(現上越市東雲町《しののめまち》二丁目)付近とされている。なお、近年の伝至徳寺跡の発掘調査の成果によれば、調査地において守護所と考えられる方形の堀区画が確認され、至徳寺そのものはその堀区画の外側に隣接して存在した可能性が高いようである〔小島 一九九四〕。すなわち、室町時代の守護所に近接して、至徳寺は建立されたのである。

長享《ちょうきょう》二年(一四八八)に越後府中を訪れた京都相国寺《しょうこくじ》の僧万里集九《ばんりしゅうく》が、「越之後州、至徳・雲門・安国の三大刹有り」(『梅花無尽蔵《ばいかむじんぞう》』)と記しているように、至徳寺は当地きっての大寺であった。開山の久庵僧可の素性からもわかるように、守護上杉氏の菩提寺的な性格を持っていたが、そればかりではなく、文化の中心としても機能していた。とりわけ、応仁文明《おうにんぶんめい》の乱前後の上杉房定《ふささだ》の守護の時代には、京都や諸国から多くの文化人が至徳寺を訪れている。

現在の至徳寺跡

歌人として知られる僧堯恵《ぎょうえ》は、寛正《かんしょう》六年(一四六五)に、加賀から善光寺へ参詣しての帰路、越後府中の海岸にて一夜を過ごしている(『善光寺紀行』)。その後二十年ほどたった文明十八年(一四八六)に、堯恵は美濃から飛騨を経て、再び越後府中を訪れ、次のように記している。

六月十三日、越後府中海岸に着ぬ。京洛にして相なれし正才《しょうさい》法師を尋て、あまの苫《とま》やに夜を重ぬ。(中略)此国の太守相模守藤原朝臣上杉房定のきこえに達せしより後は、旅泊の波の声をきかず、剰《あまつさえ》旅館を最勝院といへるに移され、樹陰の涼風袖に余る程なり。(『北国紀行』)

堯恵は、越後守護上杉房定のもてなしを受け、至徳寺の塔頭最勝院《たっちゅうさいしょういん》を宿所とすることになった。至徳寺最勝院は木々が茂った風流なたたずまいであったようである。

ところで、堯恵が至徳寺最勝院に泊まる前年の文明十七年(一四八五)、上杉房定は前将軍足利義政《よしまさ》の画像を作り、至徳寺の僧章岳《しょうがく》を京都相国寺住持の横川景三《おうせんけいさん》のもとに派遣して、画像に添える賛《さん》の作成を依頼させた。それから二年後の文明十九年(一四八七)、章岳は再び京都へ上って景三に会い、越後の風景を描いた山水画を差し出して賛を求めた。このとき、章岳が景三に語ったところによると、至徳寺には長松院《ちょうしょういん》と蒼蔭軒《そういんけん》という塔頭があり、蒼蔭軒を改名して最勝院としたという。そして、最勝院には川や橋、築山があり、古い松や竹が生い茂っているという内容を語っている(『半《はん》陶藁《とうそう》』)。

至徳寺最勝院には、文化人の宿泊するにふさわしい山水の庭園が整備されていたのである。堯恵もその風景を充分に堪能したことであろう。

堯恵の至徳寺滞在と同じ文明十八年、関白近衛房嗣《このえふさつぐ》の子で京都聖護院《しょうごいん》の門跡道興《もんぜきどうこう》が越後府中を訪れている。このとき道興は、聖護院支配下の有力な山伏たちとの接触を目的として、二〇〇人の供を引き連れて、十カ月をかけて北陸・関東・東北の諸国を巡回していたのである。彼の紀行文には、次のように記されている。

七月十五日、越後の国府に下着。上杉かねてより長松寺の塔頭貞操軒といへる庵をてんじて、宿坊に申つけ、相模守(房定)路次まで迎に来たり。七日逗留、毎日色をかへたる遊覧とも侍り。

爰を立侍るとて、二首の詠をのこしとゝむ。

千とせへんしるしをみせて此やとの軒端に高き松の村立

日かすへてなれぬる旅の中やともなこりは尽し都ならねと（『廻国雑記《かいこくざっき》』）

聖護院門跡道興は、上杉房定によって至徳寺長松院に迎えられ、七日にわたって日替わりメニューのもてなしを受けたのである。出立を前に彼が詠んだ歌から推測すると、長松院にも老松などをあしらった風流な庭園があったものと思われる。そして、歌会などの文化的な遊楽が催されたことであろう。

続いて、時代をもう少し下って、延徳《えんとく》三年（一四九一）に東北地方の馬を集める目的で越後まで旅行した、幕府管領細川政元《まさもと》の例をとりあげてみよう。

政元にしたがって越後に下向した冷泉為広《れいぜいためひろ》の日記『冷泉為広下向日記』によれば、政元は越後府中においては至徳寺長松院に宿泊し、守護上杉房定による饗宴も長松院にて行なわれた。このことから、至徳寺長松院は守護上杉氏の迎賓館という性格を持っていたことが指摘されている［矢田一九九三］。

このように、至徳寺は文化人や賓客をもてなす場であった。客人の接待のために庭園や室内の装飾の整備が行なわれ、茶や歌会の開催、芸能の披露などの文化活動が行なわれたであろうことが想像される。

同時に、饗宴（酒宴）などのために大量の食器類や飲食の品が用意されたことも推測される。たとえば、伝至徳寺跡の発掘現場からは、「至徳廿内」と墨で書き込まれた天目茶碗が出土しているという。これは、至徳寺で使用された二〇口で一セットの宴会用茶碗と想定されている〔小島一九九四〕。

饗宴のための食器や飲食品は、越後府中の内部でまかなわれたものもあるであろうが、外部より搬入されたものも多かったと思われる。また、文化的な作品類、たとえば花器や絵画なども、京都などから運ばれて購入されたのではなかろうか。至徳寺での客人の接待は、必然的に物資の流通をうながす一要因となったのである。

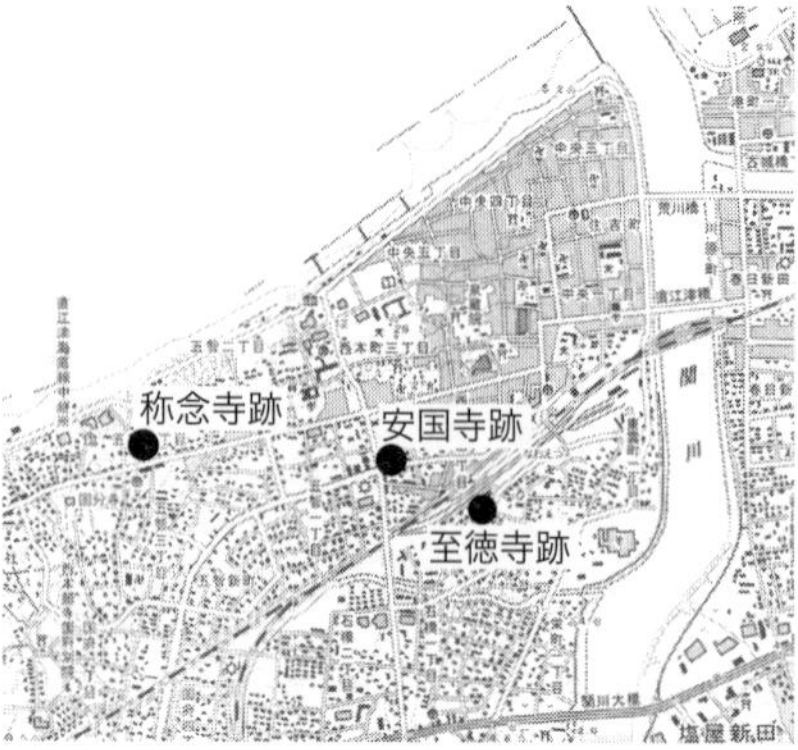

図２　府中周辺の寺社位置図

安国寺船と称念寺　次に注目したい寺社は安国寺《あんこくじ》である。安国寺は、南北朝時代に足利氏の主導により全国に設置された寺院だが、越後の場合は越後府中の大字安国寺付近（現上越市西本町《にしほんちょう》二丁目）にあったと考えられている。ちなみに、この場所は上杉謙信の政庁とされる「御館」の東隣にあたる。

安国寺も、先に触れた『梅花無尽蔵』の記事に越後の「三大刹」の一つと数えられた大寺院であった。成立の事情から考えても、幕府や守護上杉氏の厚い保護を受けていたと思われる。そうした保護を背景に、長享元年（一四八七）に

は、幕府の許しを得て、安国寺在田庵《ざいでんあん》におさめる大蔵経を求めるために朝鮮へ使者が派遣されている。この際に、

越後安国寺船の事望み申す時は、公方様え千疋進上し、高麗よりの反物悉く進上すべきの約諾、これをもうす。(『蔭涼軒日録《いんりょうけんにちろく》』長享元年十二月二十四日条)

との決めごとがなされている。すなわち、将軍に一〇〇〇疋のお礼金を払うとともに、朝鮮より持ち帰った反物を将軍に差し出す、との契約である。

このことより、朝鮮からは大蔵経だけではなく、他の商品もが越後府中に持ち帰られたのではないかと考えられる。安国寺には、国際的な規模での流通をになう機能があったのである。

称念寺と日本海海運　続いて取り上げたいのは、称念寺《しょうねんじ》という時宗寺院である。寺伝などの史料を整理したところによると、この寺の歴史は次のようになる。鎌倉時代末期の嘉暦《かりゃく》二年(一三二七)に、遊行《ゆぎょう》第六代の一鎮《いっちん》によって越後府中に応称寺《おうしょうじ》という時宗寺院が創建された。二世住持の薗阿《えんあ》が越前長崎(現福井県坂井市丸岡町)の称念寺の住職を兼ねていたことから、応称寺も称念寺と改名、近世になって高田(現上越市寺町)に移転して現在にいたっているという[川村 一九九七]。ちなみに、薗阿は鎌倉時代末期から南北朝時代にかけての人物と思われる。越前長崎は、日本海交通の拠点である越前三国湊《みくにみなと》の南に位置している。また、越後府中における称念寺の位置は、近世の絵図から、国分寺の東北の海岸近く(現上越市五智《ごち》四丁目付近)と推測される[川村 九九七]。

さて、称念寺二世の薗阿は、越前長崎称念寺において、三国湊や越中放生津《ほうじょうつ》の廻船商人など日本

海海運に関わる多くの人々の帰依を受けていたようであり、彼が直江津という港を中心とする都市・府中の寺院である称念寺住持を兼ねることになった背景にも、海運業者の関与が予想される〔松本 一九九八〕。

現在の称念寺

さらに、薗阿は越前長崎称念寺において蔵を営み、金融・商業活動を行なっており、いわば越前三国湊から越中放生津、越後府中から津軽十三湊《とさみなと》を結ぶ、鎌倉末期の「時衆のネットワーク」を体現する存在だったのである〔高橋（一）一九九八〕。よって、府中称念寺も長崎称念寺と同様に、直江津に関わる海運業者の信仰の中心であったとともに、日本海海運に積極的に関与する存在であったと考えられよう。

現在、称念寺には、木造の一鎮上人像（国重要文化財）が残されている。この像を解体修理した際に、像内から文和《ぶんな》三年（一三五四）という年代を墨書した板が発見されていることから、南北朝時代の作と推定される〔川村 一九九七〕。そしてこの像は、運慶《うんけい》の流れをくむ仏師の作と見られており、府中の時宗寺院が南北朝時代に畿内の仏師との交流を持っていたことがわかるのである。

ここまで、越後府中の寺院についてその機能を見てきた。その結果は、都市住民の信仰の中心であったことはもちろんであるが、そのほかに文化の中心として機能していたことや、物資の流通をうながす存在であったことが判明したのである。

2　山科寺内町の構造と性格

寺内町の原型・山科　中世後期の越後府中において確かめられた寺社の機能を、より明確に示すと思われるのが、寺社そのものを中心として形成された都市である。そこで次に、中世後期にあらわれる寺内町《じないまち》の機能をさぐってみたい。ここでとりあげるのは、山城の山科《やましな》寺内町である。

寺内町とは、戦国時代に、真宗寺院を中核としてその周囲を町が取り囲む形で形成された都市である。法華宗寺院などについても寺内町の形成例は見られるが、真宗寺院の場合が圧倒的多数を占めている。なお、確認しておかねばならないが、町の部分だけが寺内町ではなく、真宗寺院を含む全体が寺内町である［大澤 一九九八］。

従来の寺内町研究においては、いわゆる「大坂並《おおさかなみ》」体制論の影響が強かったといえる。これは、大坂寺内町なみの特権の付与という形で、地方の寺内町の特権が保障される体制が形成され、この体制が本願寺の都市・流通支配を支えた、というものである［藤木 一九七五］。したがって、大坂寺内町にさきだって建設された山科寺内町はどちらかと言えば見過ごされがちであった。加えて、山科寺内町に関しては、同時代の文献史料が少ないという事情も、研究を困難にしてきた。

しかし、山科寺内町は、寺内町の発展という流れのなかで重要な位置を占める。山科にさきがけて建設された越前吉崎《よしざき》の御坊《ごぼう》とそれをとりまく町並みは、「原・寺内町」とも位置づけられている［西

図3　山科寺内町周辺図

川一九九八〕。この越前吉崎の存在を前提として、本格的に建設された最初の寺内町が山科寺内町であり、以後大坂をはじめとして畿内に数多く建設される寺内町の出発点とも言える。

したがって、山科は寺内町の原型であり、その都市としての機能を探ることは、寺内町一般の機能を明らかにする上で大きな意義を持つものと思われる。

山科寺内町の盛衰　まずは山科寺内町が建設される経緯をみてみたい。山科寺内町は、山科本願寺を中核として形成された寺内町である。もともと本願寺は、浄土真宗の祖・親鸞《しんらん》の墓所を原型として京都の東山大《ひがしやまおお》谷《たに》に成立した寺院である。代々親鸞の血筋を引く者が住持(宗主)を務め、比叡山延暦寺の末寺として位置づけられてきたが、一時期衰退し、第八世の蓮如《れんにょ》(一四一五〜一四九九)が積極的な布教活動により寺勢の建て直しに乗り出した。

ところが、蓮如の急激な改革は比叡山延暦寺の反発を招き、寛正六年(一四六五)に大谷本願寺は比叡山の襲撃を受けて破壊されてしまう。蓮如は近江に逃れた後、文明三年(一四七一)に越前の吉崎(現福井県あわら市吉崎)に移って拠点を構えたのである。

加賀の一向一揆成立に直面したのち、文明七年(一四七五)に吉崎を去って畿内に戻り、さらに摂津、河内、和泉などを転々とし、ついに文明十年(一四七八)に京都の東南にあたる山科の野村郷(現京都市山科区)に本願寺を再建することを決定するのである(『御文章《ごぶんしょう》』)。

ちなみに、山科本願寺は、その所在地から「野村殿」もしくは「野村本願寺」とも呼ばれた。本願寺が山科に再建された理由は、さまざまに考えられているが、やはり交通の要所であったという点は欠くことのできない要素であろう。

さて、本願寺の建設は文明十一年(一四七九)から本格化し、文明十五年(一四八三)にはほぼ完成している。この間、吉野から材木を伐りだし、仏壇のために奈良の塗師《ぬし》をやとい、河内の瓦師を招くなど、諸国からの職人や物資が投入されていることは、興味をひかれる(『御文章』)。山科本願寺の建設を主導した蓮如は、延徳元年(一四八九)に子息の実如《じつにょ》に宗主を譲り、明応八年(一四九九)に山科にて没した。第九世宗主の実如は、大永《だいえい》五年(一五二五)に死去、次の第十世証如《しょうにょ》の代に、山科寺内町は焼き討ちによって消滅してしまう。天文《てんぶん》元年(一五三二)に、京都の法華宗の軍と近江の六角《ろっかく》氏の軍による攻撃を受け、焼き払われてしまったのである。

山科寺内町の三重構造　山科寺内町の構造を知るてがかりとして、近世に作成されたいくつかの古絵図類がある。そのなかのひとつ『野村本願寺古御屋敷之図』(光照寺蔵)によると、山科寺内町は第一郭(「御本寺《ごほんじ》」と称される)を中心に、その外側に第二郭(「内寺内《うちじない》」)、さらにその外側に第三郭(「外寺内《そとじない》」)が存する三重構造からなっていた[西川　一九九八]。それぞれの郭は土塁と堀で囲まれた城

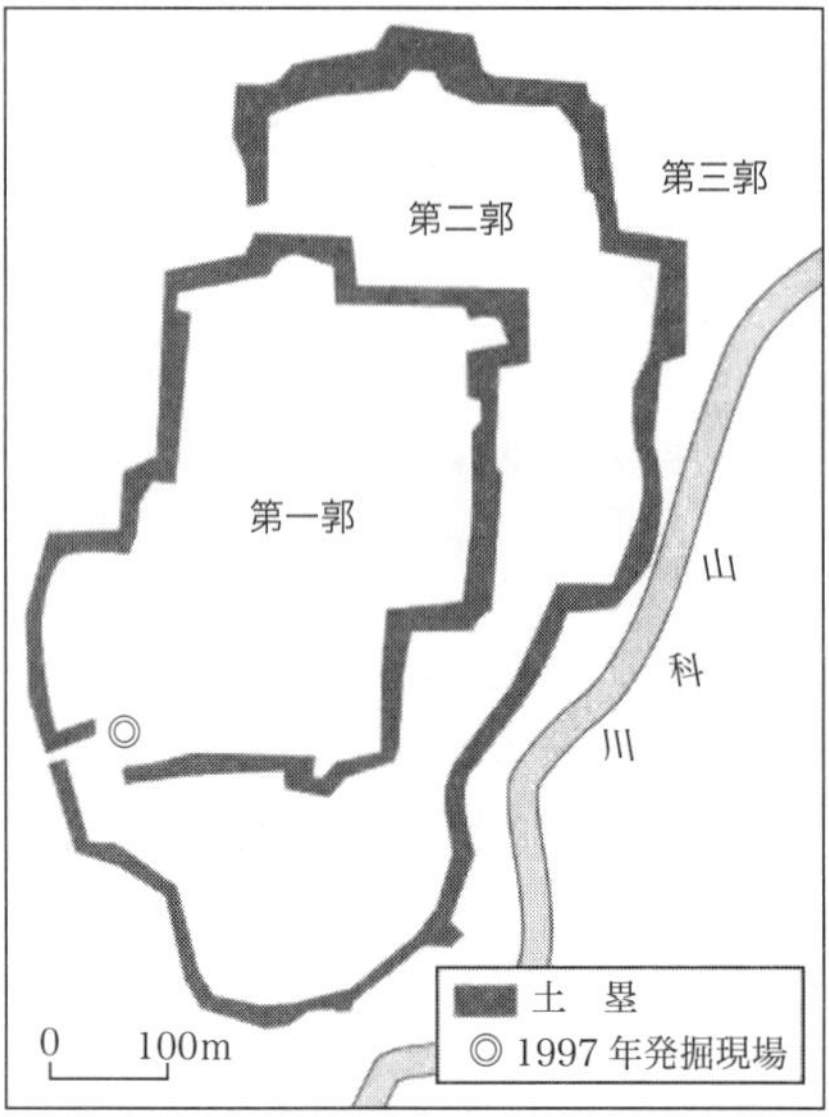

図４　山科寺内町の構造

第二郭土塁の現況

郭的構造であった。このうち、第一郭の部分が、本願寺の阿弥陀堂や御影堂《みえいどう》が建つ寺内町の中核であった。

ただし、『山科本願寺旧迹絵図』（大谷大学所蔵）など他のいくつかの古絵図類と比較しつつ地籍図によって復原した結果によれば、この三重構造のうち、第三郭の堀と土塁はきわめて小規模であったようである［福島 一九九八］。いっぽう、「御本寺」などの呼称そのものも、近世の古絵図にのみ見えるもので、実際には中世までさかのぼるものではないようである。

また、山科寺内町の三重構造は段階的に形成されたもので、蓮如の時代には第一郭の部分しかなく、その後第二郭、第三郭が形成されていったと考えられる〔草野 一九九八〕。よって、第二郭には宗主の一族の屋敷、第三郭には町屋というような整然とした住み分けは、最終段階においても考えにくいということになる〔仁木 一九九八〕。しかしながら、成立の過程からみても、構造面から考えても、山科寺内町が山科本願寺を中核として形成されていたことは、明らかであろう。

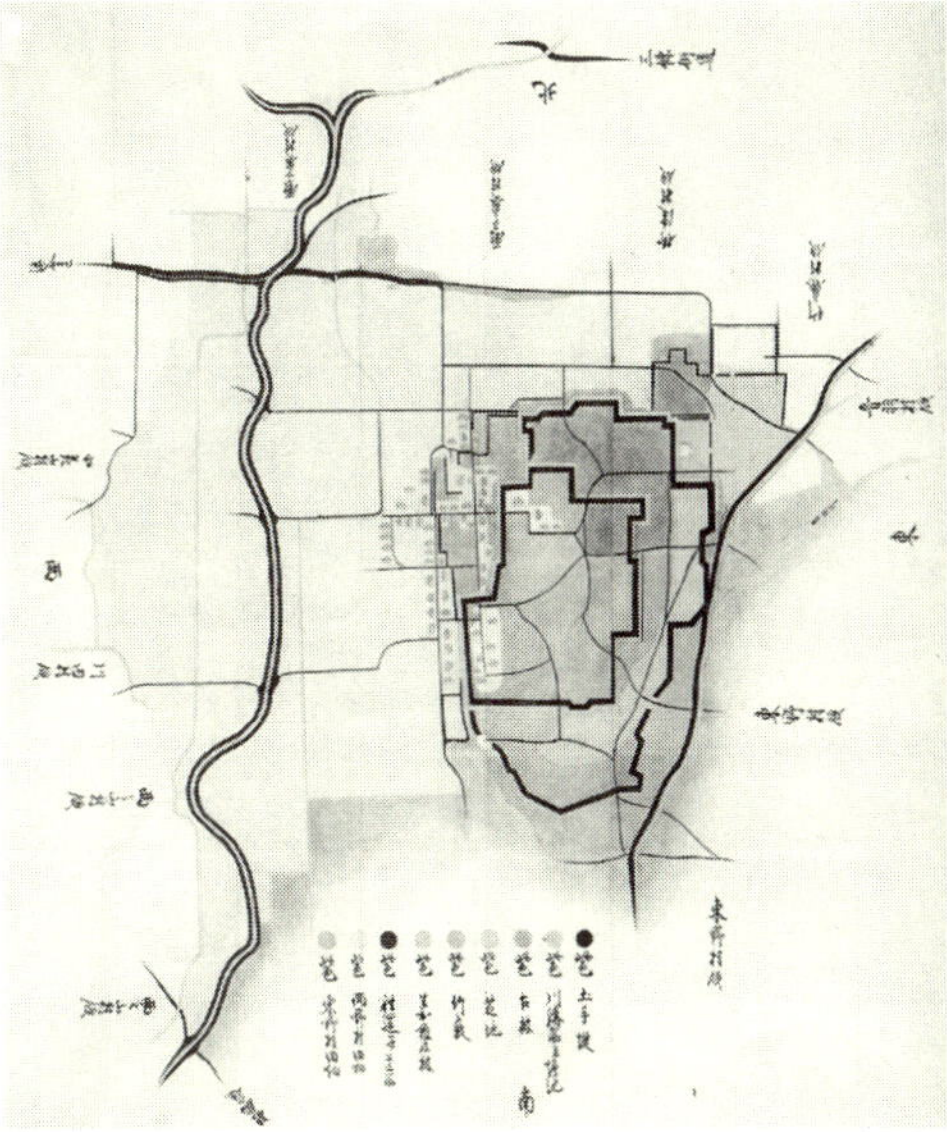

図5 『山科本願寺旧迹絵図』（大谷大学所蔵）

信仰の場 さて、山科本願寺の本質的な性格は、言うまでもないことであるが、宗祖親鸞の墓所の系譜をひき、親鸞の木像を安置して宗祖をまつる寺という点にある。したがって、親鸞流の念仏を信仰する全国の信者、すなわち本願寺の門徒が、信仰の中心として訪れる場であった。山科寺内町が本願寺を中核とする構造をとって形成されている以上、都市としての第一義的な性格もやはり信仰の場ということであり、本願寺参詣者の往来する場、ということになろう。

山科本願寺における参詣者のにぎわいを、蓮如の子息のひとりで河内願得寺《がんとくじ》に住した実悟《じつご》が、山科本願寺における故実を集めて編纂した『本願寺作法之次第《ほんがんじさほうのしだい》』では、次のように記している。

　一、野村殿の御堂にてハ、いかなる朝も五六十人百人ハかり、坊主衆子共、又ハ其外人の子とも、又ハ老者、入道のやうなる人ならひゐて、かしましき程に和讃、正信偈、経論正教をよむ人おほく候しか、

毎朝の勤行《ごんぎょう》に一〇〇人ほどの老若がつめかけていたということであり、日常的に多数の参詣者があったことを示している。

多屋と旅宿　諸国よりの参詣者のために、寺内町には宿泊施設が設けられていた。それが「多《た》屋《や》」（「他屋」とも書く）と呼ばれるもので、すでに蓮如が越前吉崎坊舎に滞在したころに見られ、吉崎坊舎の周辺に僧侶の宿舎や門徒の宿泊所として建てられたものをいう。山科寺内町の多屋については、近世の編纂物『大谷本願寺通紀』に、

　（文明）十五年正月以来、山科多屋六寺、及七坊成、未考其名、或云、常楽寺、興正寺、金宝寺、本福寺、仏照寺、西方寺、性応寺、端坊、東坊、西坊、本光坊、空円、了性、是

と記されており、「六寺」と「七坊」あわせて一三の多屋があったとされる。

ただし、蓮如自身の言葉によると、越前吉崎においては二〇〇軒に及ぶ多屋が存在していた（『御文章』）というから、山科の多屋がわずかに一三軒のみというのは、やや少なすぎるようである。「六寺」や「七坊」と称されたのは有力僧侶が居住する主要な多屋で、実際にはさらに多くの中小の

多屋が存在していたのではなかろうか。それらの中小の多屋は、僧侶の居住する多屋とはちがって、門徒などの俗人が経営する旅館的なものが主であったと思われる。蓮如の親族で加賀の受得寺《じゅとくじ》に住んだ栄玄《えいげん》という人物が記したもの(『栄玄聞書』)に、次のような一節がある。

一、実如上人御亭ニテノ御法談ニ、山科殿ヘアルヒト三人ツレニテ参詣候キ。アルトキカノヒト二人ハ御堂ヨリサキニ旅宿ヘカヘリ法儀ノ談合セラレ候シ。

実如(蓮如の息で第九世本願寺宗主)の時代に、山科参詣の者が宿泊した「旅宿」というものが見える。この旅宿などは、旅館的な中小の多屋の一例であろう。

報恩講に集う人々　山科寺内町は、年間を通じて恒常的に参詣者があったであろうが、とりわけにぎわったのが、現在でも真宗系教団の主要な法事として続いている報恩講《ほうおんこう》である。報恩講は、親鸞の遺徳に報いるために、親鸞忌日の十一月二十八日を最終日として二十二日からの七日間行なわれる仏事である。諸国から報恩講に訪れる人々がいかに多かったかを示す史料を紹介しよう。

一、野村殿にてハ、報恩講七日の間、廿一日の晩景より、縁廊可御堂の縁〔下〕、御堂へ参候道すからことく、いなはき〔稲掃〕をしかれし事也。御堂の大庭にハ、いなはきを縄にてつなきて、惣の庭にしかれ候。雨ふり候へハ、まきて内へとられたる事にて候。聴聞衆庭に各いなはきの上に堪忍、ありかたき事也、と毎年各被申事にて候。(『本願寺作法之次第』)

仏事を聴聞する人々のために、御影堂の縁側廊下だけでなく、参道や堂の前の庭にいたるまでも稲掃(むしろ)を一面に敷き詰めたというのである。本願寺が参詣者で埋め尽くされた様子が想像されよう。

本願寺と山科七郷　こうして山科の外より、信仰のために人々が訪れていたのであるが、山科寺内町やその周辺に住む僧侶以外の人々も、多くは門徒であったのではなかろうか。なぜならば、蓮如の教化によって山科の村々（「山科七郷《しちごう》」と呼ばれた）の有力者たちが道場（布教所）を構え、山科の人々が門徒化した上で、本願寺の建設がなされた、と考えられているからである［原田 一九九八］。ちなみに、山科本願寺と本願寺周辺の山科七郷とは密接な関係にあり、山科に所領を持つ山科家の家来の日記によれば、文明十二年（一四八〇）に山科七郷による道路工事が行なわれた時には本願寺より酒樽二〇が提供されている（『山科《やましな》家《け》礼記《らいき》』文明十二年十月二十日条）。

さらには、山科寺内町には「地下《じげ》講衆《こうしゅう》」と呼ばれる人々がいて、報恩講の際に御影堂において供される茶湯の経費を負担していたことが証如（実如の孫で第十世本願寺宗主）の日記に記されている（『天文日記』天文十三年（一五四四）十一月八日条）。寺内町に居住する門徒たちは、「地下講」という信徒集団に組織されていたのである。山科寺内町が、本願寺の持つ信仰の中心という求心力によって、山科の村々をはじめ諸国の多くの人々を吸引していたことがわかる。

武家の来訪　ところで、山科本願寺には室町幕府の有力者もしばしば訪れている。それは、蓮如以後の本願寺と幕府との密接な関係［神田 一九九一］の反映といえる。もちろんその密接な関係の背後には、本願寺の社会的影響力（時には軍事勢力としての影響力）の大きさを幕府が無視できなかったことがあろう。しかし、幕府関係者個々の宗教的要因も、密接な関係を促進したものと考えられる。

たとえば、将軍足利義政の妻である日野富子《ひのとみこ》が文明十二年(一四八〇)に山科本願寺を訪れている が(『御文章』)、日野家には真宗の信仰が入っていたことが指摘されており[神田 一九九二]、富子にも その影響が及んでいたことが想像される。

幕府の管領を務めた細川政元も、たびたび本願寺に赴いている。蓮如の弟子空善《くうぜん》が記した蓮如の 言行録(『第八祖御物語空善聞書』)には、蓮如の談として、政元が「聖徳太子ノ化身」と言われており、 そのような人物であるからこそ「コナタノ守護」となったのだという記事が見られる。

蓮如をはじめとする本願寺関係者のあいだで、細川政元が本願寺の保護者と評価されていたこと がわかる。政元と本願寺の密接な関係は、当然世俗的な利害がからんでいることはいうまでもない。 また、政元は修験道に凝って山伏の修行もしており[末柄 一九九二]、その信仰の実態はどうもよく わからないが、本願寺の檀越《だんおつ》として念仏信仰をも同時に持ち合わせていた可能性も十分あろう。

このほか、実悟の編纂物の一つには、蓮如の弟子となった幕府奉公衆の松任《まつとう》上野守の例(『蓮如上 人仰条々』)も記されており、幕府関係者のなかにはみずからの信仰心から本願寺へ参詣する者もあ ったと思われる。

このように、山科寺内町では、信仰の中心として恒常的に多くの人々が訪れ、滞在し、さらにそ れらの人々を迎え入れるための施設と人手(労働力)が用意されたのである。そして、寺内町では必 然的に大量消費が発生することになった。

3　山科寺内町と流通・生産

客人の接待　信仰の中心という性格を背景として、寺内町で発生した消費の具体的なありさまは、さまざまであった。寺内町山科は、京都の公家や武士、諸国の門徒などの多くの人々が参詣に訪れる場であった。なかでも社会的地位の高い人々の参詣に対しては、本願寺の側から接待が行なわれたことから、さまざまな食料品が必要とされるようになっていた。たとえば、次のような史料がある。

一、昔は客人公家並武家衆も精進にて汁菜等御もてなし也。魚物ハ不被出也。但不断出入之輩、それハさもなく、魚物也。（『本願寺作法之次第』）

公家や武家の客人をもてなす時に、汁や菜などの精進料理が用意されたことがわかる。しかも、普段より頻繁に出入りしている客に対しては、魚料理までもが出されたのである。

料理に必要な野菜や魚類は、山科の外部から運びこまれてきたものと思われるが、直接本願寺が購入・利用するだけではなく、寺内町において一般の人々に向けた売買も行なわれていた。例をあげてみよう。

一、寺内町の掟を番屋にをさせられ候し、定て今も所持せられたる人あるべく候歟。其内に吹物音曲停止《ちょうじ》の日、御仏事七日之間、毎月廿八日、廿五日、盆、彼岸等停止之事也。魚売買なき日、御遊山なとの日、御迎人の儀等、或鐘数なと被注候し。（『本願寺作法之次第』）

これは、本願寺が寺内町の住人に対して出した掟が、番屋に掲示されていたことを示す史料である。このなかに、「魚売買」を禁止する日を定めた掟が見られ、逆に日常では魚の売買が行なわれていたことがわかるのである。したがって、魚に限らず料理の材料となる食料品が寺内町で取り引きされていたと想像される。

細川政元と魚料理　山科本願寺における魚類の接待は、本来はごく親しい者に限定されていたが、京都周辺ではちょっとした名物であったようで、次のようなエピソードも伝えられている。

一、面向之客人の事、精進にて候を、やふれ候事ハ、細河右京大夫政元号大心院のやふれたる事候。其初細々野村殿へ政元被参候ニ、始精進にて候つるか、或時政元深草瑞林院ニ被申事ハ、本願寺に行てなくさみ活計せんと思へハ精進也。魚物を被食候と聞ニ、精進にて何共わろし、と物語せられ候を、瑞林野村殿にて蓮如前住へ被申候へは、さらハ魚物にて細々来臨の事にて候へハ、内者之心にて候とて、其後魚物に成候てより破たる儀式候。其比政元以外之威勢にて、将軍も不及之体候つる時節なれハ、如此候。（『本願寺作法之次第』）

幕府の有力者・細川政元が本願寺を保護していたことはすでに述べたが、彼が本願寺の蓮如のもとをたびたび訪れ、そのたびに精進料理にて接待を受けた。政元はこれを不満に思い、ある時、蓮如と親しい深草の瑞林院《ずいりんいん》という人物に「本願寺に行っておおいにご馳走になろうと思うのに、いつも精進料理である。本願寺では魚を食すと聞くのに、精進料理とはどうもいただけない」とこぼした。瑞林院がこれを蓮如に伝えたので、政元にも魚料理を出すことになり、以後はそれにならって

蓮如上人墓所

他の客人にも魚料理を出すこととなったという。

山科本願寺を訪れる公家や武士が、何を期待していたかがうかがわれる、興味深いエピソードである。彼らは、本願寺でのご馳走をなかば期待していたのである。そのご馳走を支えていたのが山科寺内町にて取り引きされる食料品であった。

門徒のもてなし　諸国から集まってくる僧侶や門徒たちもまた、本願寺において接待を受けた。とりわけ蓮如は、接待の料理にまで気を配っている。『本願寺作法之次第』によれば、蓮如との対面の際に「煮餅」を出すことがあったが、蓮如がそれを取り寄せて試食してみたところ、「塩からき事言語道断」で、料理人を罰したことがあるという。「開山聖人（親鸞）ノ大事ノ御客人ト申ハ、門徒衆ノ事ナリ」（『蓮如上人一語記』）と語ったという蓮如の、門徒との接触を重んじた一側面をよく示しているが、同時に、餅や塩が寺内で流通していた事実をも伝えてくれる。

門徒たちに振る舞われたのは、餅だけではなかった。実悟の編纂した蓮如の言行録の一つに次のように記されている。

一、御門徒上洛候へハ、前々住上人（蓮如）仰ラレ候、寒天ニハ御酒等ノカンヲヨクサセテ、路次ノサムサヲ忘ラレ候ヤウニト仰ラレ候。又炎天ノ比ハ酒ナトヒヤセト仰ラレ御詞ヲ加ラレ候。（『蓮如上人一語記』)

寒い日には暖かい燗酒で、暑い日にはよく冷えた酒ではるばる訪れた門徒をもてなすようにと、蓮如が指示していたという話である。門徒の労をねぎらう蓮如の細やかな心つかいであるが、いっぽうでまた、

一、蓮如上人アルヒハ人ニ御酒ヲモクタサレ候テ、カヤウノコトヲアリカタク存チサセ候テ、近付サセラレ候テ、仏法ヲ御キカセ候。(『蓮如上人一語記』)

というように、蓮如が門徒を酒でもてなしたのには、みずからを身近なものに感じさせた上で仏法を説くという、布教上の一戦略という意味もあったのである。

酒も本願寺での接待用だけでなく、寺内町で飲まれていたようで、

一、町中も御精進日は、樽のさかなにても御入候へ、御坊中又町をも持とおる事停止候き。(『本願寺作法之次第』)

と、精進日に「町中」で樽酒のさかなを持ち歩くことが禁止されている。こうした酒の需要をまかなうために、酒が売買されていたものと思われる。

生活物資と仏具　山科寺内町では、蓮如とその一族をはじめ本願寺関係者が多く居住しており、彼らの生活必需品だけでもかなりの消費が発生していた模様である。そのことを示すのが次の史料で、これもまた実悟が山科本願寺における故実を記したものである。

一、野村の御坊にてハ、一家衆のあり所数ヶ所させられて、するゝ中居のやうなる所まてあり、

めしつかひ候ものゝあり所も候て、在寺中過分に候。行水の薪、茶湯の下の炭なともたくさんに候て、心安く聴聞の儀さへ候に、ありかたくて候。（『山科御坊事并其時代事』）

蓮如の一族の住居においては、行水のための薪や茶湯のための炭が豊富にあったと述べられている。寺内町に住む人々すべての薪や炭だけでも、かなりの需要があったと思われ、当然それらは売買によって調達されたのであろう。そのほか、蓮如の次の本願寺宗主・実如の代には、馬を五〇疋も飼っていたという（『栄玄聞書』）から、馬の飼料などの需要もなかなかのものであったろう。

さらに、寺院の必需品としては、堂内を飾る仏具があげられる。浄土信仰の先達《せんだつ》である善導《ぜんどう》と法然《ほうねん》の御影（肖像）の掛け軸を、「商人」が山科本願寺に持ち込み、それを購入したことが史料に見えるから（『山科御坊事并其時代事』）、仏具などを売買する商人が頻繁に往来していたと推測される。ちなみに、現在も京都の東西本願寺の門前には、多くの仏具店が軒を並べており、山科寺内町においても仏具を商う店が存在していたのかも知れない。

本願寺への進上品　寺内の需要に応じて売買取引される物資のほかにも、門徒らから信仰心のあらわれとして本願寺へ進上される物資も、続々と山科寺内町へと運び込まれていた。たとえば、次のような史料がある。

一、同国（近江）ヨリ志ノ人アリテ、菜ヲ作テ春秋山科殿へ持セテマイラセケルカ、（中略）上々ニモキコシメシコソス覧トオホエシ日数ヲ勘テノチニ、我宿ニテソノ菜ノ類ヲハ食セラレケリ。尤志ノ殊勝ナル事ト其比人々ノ沙汰アリシ事也。其比ヨリ江州ニハ畠作スル人々、菜ノ初尾トテ在々所々ヨリ菜ヲマイラセケリ。（『蓮如上人仰条々』）

近江に住むある門徒が、春夏に自分の作った野菜を山科本願寺へ届け、蓮如らがそれを口にしたと思われるまで待ってから、自分もその野菜を食した。まことによい心がけと評判になり、そのころより近江で畠作をする門徒は、その年にはじめて収穫した野菜(初尾《はつお》)を山科本願寺へ進上するようになったという。

京都近郊の門徒からは、同様にさまざまな食料品が、山科本願寺へ進上されたものと思われる。また、本願寺における最大の行事、報恩講の前には、

一、報恩講前にハ、諸国一家衆堪忍もよく候ほとの人、おなしく坊主分又御門徒の衆長男のたくひ、白御小袖のためにとて上品の絹を上せ申され候。（『本願寺作法之次第』）

とあるように、諸国の僧侶・門徒から、小袖を作るための上等な絹が進上された。さらには、近江のある入道が、夜に風が吹くと急ぎ縄をなって、夜明けとともに縄を背負って山科本願寺へ向かい、庇などの修理材料として進上したという話も残っている(『蓮如上人仰条々』)。

日常の生活品から、非常時の品まで、門徒からの進上品が山科に集まって来たわけで、本願寺および寺内町の経済を支える重要な要素となっていたと考えられる。蓮如が「御門徒ノ進上物ヲモ、御衣ノ下ニテ御拝ミ候」(『蓮如上人一語記』)という態度で進上品に接したのも、そうした事情をよく象徴している。

銭貨収入　しかし、門徒から寄進されるものとして、本願寺の経済にとってより大きな意味を持

ったのは、何と言っても銭貨であろう。そもそも本願寺は荘園制的な土地支配を経済的基盤としていたのではなく銭貨を収入源としており、そうした経済構造から、物資の流通・製造や金融を受け持つ寺内町を必要とした、という指摘もある［大澤 一九九八］。

本願寺の銭貨収入は、末寺・門徒からの直接の寄進のほか、次に掲げるような不特定多数による賽銭収入もあった。

一、阿弥陀堂御影堂の参銭ハ、昔より丹後給はる事にて候を、蓮応丹後代に寄進申され候。明応五六也。奇特の志にて候との御沙汰にて候き。先ず阿弥陀堂ばかりのを寄進申され候て、又一両年後に御影堂の参銭をも寄進申し上げられ候。殊勝の志に候よし、そのころの沙汰のみにて候き。永正初めごろの事也。（『本願寺作法之次第』）

山科本願寺の阿弥陀堂と御影堂の参銭（賽銭）は、当初は坊官の下間丹後《しもつまたんご》（頼玄《らいげん》）が収入としていたが、明応五年（一四九六）のころより本願寺に寄進されて寺の収入となったのである。本願寺の持つ銭貨は、必要に従って現物に代えることになり、必然的に寺内町での取引が発生することになる。寺内町での商売のために、諸国より物資が集まるということになる。

物資の貯蔵と甕倉　山科寺内町で商品取引がなされたとすると、門徒からの進上品や商売のための物資を貯蔵する設備があったと推測されるが、それを裏づけるのが、近年の発掘の成果である。平成九年（一九九七）に、宅地開発に関連して、山科寺内町の南西隅にあたるオチリと通称される地区（京都市山科区西野左義長町）の発掘が京都市埋蔵文化財研究所によってなされた（図4の◎印が調査地）。その結果、大甕を地面にすえつけた建物（甕倉）が確認されたのである［木立 一九九八］。

　甕倉に埋められていた甕は、胴の直径が約八〇センチメートル、高さが約九〇センチメートルもある備前焼の大甕で、「二石入」とヘラ書きしたものも出土している［京都市埋文 一九九七］。中に何を入れていたかは不明だが、物資の貯蔵に使用されたものであろう。なお、この遺跡は残念ながら発掘調査の後は破壊されて、現存していない。

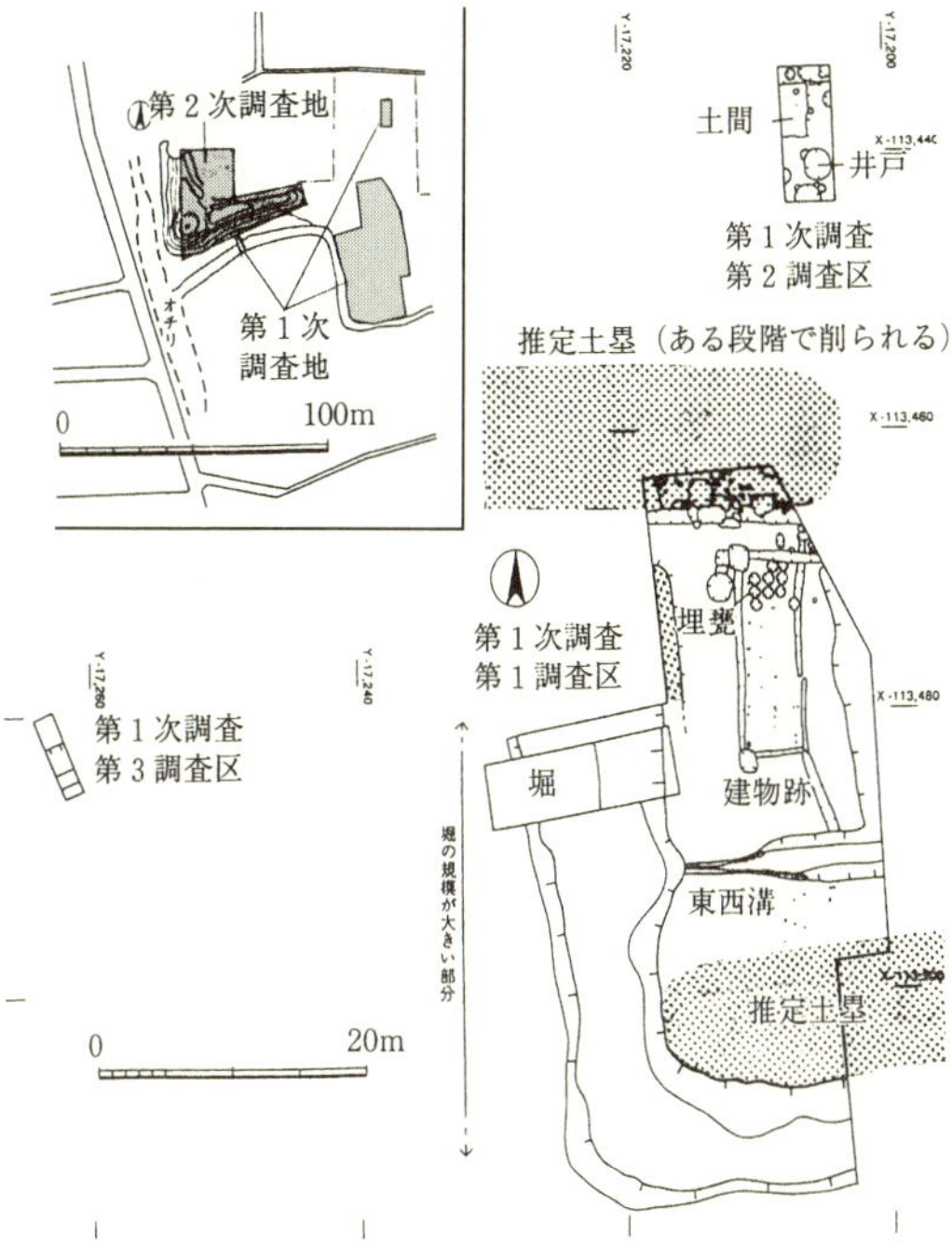

図6　寺内町の発掘成果（木立 1998）

　また、一九七四年に山科寺内町の中心部で行なわれた発掘調査では、多数の土師器皿を収めた地下の石室が四つ確認され、屋内の収納施設と推定されている［岡田・浜崎 一九八五］。

　ここで想起されるのが、ある近江の門徒が山科本願寺に参詣するたびに小石を持参して、「石蔵」の隙間に組み込んで崩れぬようにしたという話（『蓮如上人仰条々』）で、この「石蔵」も、貯蔵施設の一種と考えられる。

生産活動　山科寺内町では、以上のように活発な物資の流通が見られたのであるが、外部からの物資の供給のみでなく、寺内町内部での生産活動も行なわれていたことが、次の史料よりわかる。

一、実如上人御時ハ、毎年色々の帷《かたびら》を下間上野介やとにて五百させられ、ぬいたてられ候。同名兵庫助宿にて二百以上、七百の分させられ、五月五日と七月七日、不断祗候の座頭三人猿楽四五人、北国より上られ候一家衆、遠国より上洛候坊衆、又不断御とき申され候出家十人ばかり以下の衆に、下したる事にて候。（『本願寺作法之次第』）

坊官の宿所において帷子《かたびら》を大量に生産し、日常出入りしている「座頭」（琵琶法師のことであろう）や猿楽法師、宗主の一族や門徒・坊主らに与えている。坊官宿所が一種の工房的役割を果たしていることがみてとれる。また、先にも触れた近年の発掘成果によれば、炉を持つ建物が確認されており、鉄や銅の釘が多数出土していることから、鍛冶場であることがわかっている［木立一九九八］。

富の蓄積　山科本願寺の存在は、門徒らの信仰を背景に、寺内町における物資の流通や生産活動を促進するはたらきをもっていたといえる。その結果、山科寺内町には富が蓄積されることとなった。のちに山科寺内町が炎上焼失した時に、公家のひとり鷲尾隆康《わしのおたかやす》は、日記に次のように記している。

そもそも本願寺は、四五代の富貴に及び、栄花を誇り、寺中広大無辺、荘厳只仏国のごとしと云々。在家又洛中に異ならざる也。居住の者各富貴、よって家々随分の美麗を嗜むと云々、今日一時に滅亡、しかしながら天道也。思うべし思うべし。晩頭京勢帰洛、甲乙人手ごとに取物

あり。財宝誠に山のごとき歟。奢るものは久しからずの謂也。(『二水記《にすいき》』天文元年(一五三二)八月二十四日条)

山科寺内町の家々のありさまは京都の町と変わらず、住人はみな「富貴」であったという。山科攻めに参加した者は、手に手に戦利品を持って帰り、「財宝」は山のようであったとも記している。さらに隆康は、山科滅亡について「おごる者は久しからず」と述べているのであり、山科寺内町が富み栄えていたさまをよく伝えている。

寺内町は、核となる寺院や信徒の活動によって促進・展開される、物資の生産と流通の場であったのである。

4 文化・芸能・遊楽の場としての山科

文化活動を支える人々 山科寺内町は、本願寺関係者を中心とした文化活動の場でもあった。たとえば、蓮如は、本願寺の建立にあたり、庭の整備にずいぶんと力を入れている。

蓮如自身の手紙(『御文章』)によれば、文明十一年(一四七九)の正月には、林の中から枝ぶりのよい松を掘りとってきて庭に植えており、八月には寝殿の完成とともに、「数奇《すき》の路」であるからということで作り始めた庭も完成している。『拾塵記《しゅうじんき》』にも、蓮如が寝殿の建設に際し「数奇ノ路ナレバトテ、庭ノ立石ナドヲアマタスヱサセ」たことが記されている。なお、この寝殿の庭と同一のものかどうかはわからないが、『本願寺作法之次第』には、「御堂の大庭」なるものもみえている。

さて、庭作りに関連して思い出されるのが、当時、室町幕府の将軍などの武家につかえて、美術工芸品の鑑定や管理、茶や庭などの文化の担い手として活躍していた「同朋衆《どうぼうしゅう》」と呼ばれる僧たちである。蓮如の庭作りにも、彼らが関与していたのではないかと思われる。

実際に同朋衆が山科本願寺に出入りしていたことは、次の史料によりわかる。

一、御堂の卓、野村殿にてハ、打置をハ押板の上にハをかぬ物と申候と、相阿弥申入たるに能阿カ孫、芸阿カ子、真相ト号ス、よりて、御堂にをかれたる打置をハ悉とらせられ、卓ニさゝせられたる事候。（『山科御坊事并其時代事』）

同朋衆であり画家としても名高い相阿弥《そうあみ》の助言によって、本願寺の堂内の押板（床の間）に卓（机）を置くようになったという回顧談である。このエピソードは『本願寺作法之次第』にも収録されており、それによれば永正七年（一五一〇）のことというから、実如の時代のことである。同じく『本願寺作法之次第』に、「うつほ字の名号は泥にて書候名号、絵師か所に本御入候」とあることから、山科寺内町に絵師がいたと考えられる。

さらには、新潟県上越市板倉《いたくら》区本覚寺《ほんがくじ》所蔵の源空《げんくう》（法然）画像の軸に記された墨書銘によれば、享禄三年（一五三〇）に「山科水落ノ教念」という人物が「信州塩崎之道場」にて画像の表装をしていることがわかるのである（『本覚寺文書』。『信濃史料』による）［草野 一九九八］。

山科の水落《みずおち》とは、山科寺内町内の地名であり、まさに一九九七年に発掘調査が行なわれた地点と考えられている［木立 一九九八］。そこに教念《きょうねん》という表具師が住んでいたことを、右の史料は示しているのである。

琵琶法師と猿楽法師　次に、文化と密接な関連をもつ芸能について見てみたい。まずは、琵琶法師に関する次の史料が注目される。

一、廿七日の夜は、蓮如の御時より竹一検校平家を、琵琶を引き、二三句かたり候と也。開山の御前にて也。法楽の体也。御坊中、町まて、用心の事かたく申し付けらるる也。（『山科御坊事并其時代事』）

蓮如の代には、山科本願寺での報恩講の最終日に、竹一検校《ちくいちけんぎょう》という琵琶法師が『平家物語』を上演していたのである。蓮如以降、本願寺と琵琶法師は密接な関係にあって、一部の者は本願寺の被官（家来）として活動しており、右の竹一検校もそうした一人であったことが指摘されている［神田 一九九八］。

図７　琵琶法師
（『一遍聖絵』清浄光寺蔵）

琵琶法師の芸能は、死者の回向《えこう》をするという役割を果たすともに、聞く者に信仰心を起こさせるという布教的な意味も持っていたらしい。もっとも、本願寺の宴席に頻繁に顔を出していることから、単純に娯楽として楽しまれていたことも確かであろう。

琵琶法師と同様に本願寺と密接な交流を持っていた芸能者

として、猿楽法師があげられる。文明十三年（一四八一）に、山科本願寺において先代の法主である存如《ぞんにょ》の二十五年忌の仏事が行なわれた際に、仏事終了後に「申楽《さるがく》ノ能」があった（『蓮如上人仰条々』）。猿楽法師のなかにも本願寺と密接なつながりを持つものがいたと思われ、前節でも触れたように、坊官宿所で作られた帷子が本願寺に日常的に出入りする琵琶法師と猿楽法師に与えられている（『本願寺作法之次第』）。

このほか、山科寺内町周辺の村落の住民が、寺内町にて芸能を披露することもあった。山科家の家来大沢氏の日記に、「音羽に、はやし物して本願寺へ参るの由候也」とあって（『山科家礼記』文明十二年七月十六日条）、山科音羽の住民が歌舞音曲のようなものを演じつつ寺内町にくり込んだことがわかる。

見物の場・遊楽の場　山科寺内町が、文化や芸能の場であったことから、それらを目当てに集まってくる人々もあった。右に触れた本願寺の「はやし物」も、多数の見物人が出たようで、山科西山郷の住人「進藤民部」という者は、「野村本願寺のはやし物」を見物していて足を踏まれる、というありさまであった（『山科家礼記』文明十二年正月八日条）。

蓮如が執着した本願寺の庭も、一種の観光名所となっていたようである。山科のやや南に位置する真言宗醍醐《だいごじ》寺の僧侶厳助《げんじょ》は、山科寺内町を訪れて次のように日記に記している。

山科本願寺一見す。庭・座敷の体、目を驚かすものなり。下妻大輔、興正寺以下一覧す。美麗超過と云々。（『永正十七年記』永正十七年四月十二日条）

厳助は、庭や座敷を見物して驚嘆するとともに、坊官下間氏の屋敷や、本願寺に帰属して寺内に存在していた興正寺《こうしょうじ》なども見物している。

ちなみに、二〇〇五年に行なわれた寺内町中心部西端の発掘調査で検出された泉状遺構は庭園の池の一部と考えられており〔京都市埋文 二〇〇六〕、寺内町に複数存在した庭園の一つであると推測される。

もっとも本願寺の見物は、一般の人々には寝殿までは立ち入りが許されていなかったようで、次のような話も残っている。

アル時スイリンアン〔瑞林庵〕上様(蓮如)へ申サレケリ。本願寺ヲワロクオモフモノハ、ソノ人ワロクナリ候。(中略)マツセントヒロサワ〔広沢〕方見物ノタメニマイリ候ニ、御寝殿所望候ニ、御見セ候ハヌトテ散々ニワロク申、以ノ外ニ腹立仕テ帰京イタシ、別ノ事ニテコレヘ参リカヘリテアクル次日、上意ニチカヒソノマヽ、高野へ上リ遁世シ候キ。(『第八祖御物語空善聞書』)

広沢という人物が本願寺に見物に来て、寝殿も見たいと希望したが許されず、さんざん悪口を言って帰った。ところがこの人物は、ほどなくして将軍にとがめられて高野山へこもるはめになったことから、本願寺出入りの医者瑞林庵が「本願寺の悪口を言うものは、自分が悪い目にあう」と蓮如に語ったということである。

このように完全に解放された空間ではなかったが、山科寺内町は「見物」の対象となる場であり、いちおう信仰とは別に精神の解放のために人々が訪れる、いわば遊楽の場でもあった。

風　呂　山科寺内町の遊楽の場としての性格を示すものとして、風呂の存在もあげることができよう。中世の寺院の浴室は、『一遍聖絵』にも描かれるような一種の「名所」であった。そして酒や茶、さまざまな食事を伴う饗応の場であると同時に、芸能の場でもあった〔松尾 一九九三〕。史料によれば、

一、野村殿にてハ毎月風呂立申候に、風呂の入口は二御入候。御住持の御出入の口ハ、脇ニ御入候。総出入の口ハ、如常、(中略)毎月に一度の心、御客人候へハ、臨時に幾度も立られ候き。

(『本願寺作法之次第』)

とあって、山科本願寺にも風呂があって、毎月一回の恒例の風呂のほかに、客人の接待のために臨時に使用されていたことがわかる。

図8　寺の風呂(『一遍聖絵』清浄光寺蔵)

大永五年(一五二五)に本願寺第九世実如の葬儀が行なわれた際には、山科本願寺の風呂だけではなく「寺内七卿ノ風呂」をもことごとく沸かしたとの記録があり(『実如上人闍維《じゃい》中陰録』)、本願寺の風呂のほかにも山科寺内町にはかなりの数の風呂が存在していたことがうかがわれる。

中世を通じて文化の中心として機能していた京都の主要部分が、応仁・文明の乱によって荒廃していたこともあって、山科寺内町は京都周辺の文化・芸能・遊楽の場として機能していたのであった。

寺内町の機能　山科寺内町の例からわかるように、寺内町は単に信仰の中心として繁栄したのではなく、生産・流通の場であり、さらにまた文化・芸能・遊楽の場でもあったのである。それらの機能を可能としたのは、やはり中核となる真宗寺院の存在である。

したがって、寺内町の果たした機能は、守護城下町などの他の類型の中世都市における寺社の機能と共通するものと考えられる。実際に、先に見た中世後期の越後府中の寺院には、信仰の中心という機能のほかにも、文化の中心という機能や流通の促進という機能がみられたのである。

すなわち、中世都市における寺社は、信仰の中心であり、生産・流通を促進する存在であり、また文化の中心であったのである。

6　寺院における僧坊の展開

はじめに――中世寺院の分類方法

中世寺院を分類する場合、さまざまな方法が考えられるが、もっともよくみられるのは宗派・教義による分類方法であろう。この分類法は、たとえば顕密寺院、律宗寺院、禅宗寺院などのように分類するものであるが、中世の寺院は複数の宗派が共存する兼学寺院が多くみられる上に、一つの寺院の宗派が時代の推移とともに変化してしまうことも多く、常に有効な分類方法であるとはいえないであろう。

ほかには、規模・階層性による分類方法も存在している。これは、たとえば中央大寺社と地方寺社［黒田 一九八〇・一九九五ａ］、もしくは国家公権の寺社と一国レベルの寺社［井原 二〇〇四］などのような分け方である。つまり、寺院の規模や、創立者・後援者の社会階層の違いに注目する分類方法である。

また、寺院を誰が、どのような契機で創建したかという成立事情による分類方法もある。具体的には、古代寺院の再興、有力氏族の氏寺などのように分類するものである〔笹生二〇〇五〕。

さらには、立地条件による分類方法というものもみられる。この分類は、山岳(山地・山林)寺院と平地寺院などのように、どのような場所に建っているかという点に注目する方法である。ただし実際には、山の上と下の両方に伽藍があり、それらが一体となって一つの寺院を構成する場合もある。このような形の寺院であれば、山岳寺院であるのか、平地寺院であるのかは、一概には決めがたい。したがって、具体的事例に即した場合には、立地条件による厳密な区別は非常に難しいと思われる。

以上のように中世寺院の分類方法はさまざまであるが、本章では、寺院を構成する施設のタイプの違いに着目したい。とりわけ、単独の僧坊《そうぼう》、及び僧坊群が集中する場の「景観」に注目し、「僧坊」と「仏堂」による中世寺院の類型分析の可能性を模索してみたい。すなわち、中世の僧坊の姿を、仏堂との関係の中で捉え直すことを目的とする。

1 中世寺院の景観

そもそも、中世寺院とは何であろうか。「中世寺院とは中世に存在した仏教活動の拠点である」という点のみは、最大公約数として認められるであろうが、「はじめに」で触れたとおり、分類方法自体がさまざまに想定できるように、その実態はまことに多種多様である。

中世に限らず、寺院の構成要素を、仏・法・僧という仏教の「三宝《さんぽう》」（基本要素）に対応させて考えてみるならば、

(1)仏……本尊
(2)法……経典
(3)僧……僧侶

の三つを基本的な構成要素とみなすことができるであろう。

これをさらに、寺院の景観の側面から捉え直すと、

(1)仏＋(2)法……仏堂（堂、塔、経蔵、鎮守社など）
(3)僧……僧坊

と整理することが可能であろう。

従来の寺院史研究は、景観的側面からいえば、どちらかといえば仏堂中心の研究であった。仏堂そのものの創建事情や構造、仏堂において執行される法会の性格などに、主として注目が集まっていたのである。本尊や仏堂の荘厳には、宗教的意味が直接に表現され、それが創建者の意思をよく反映するものであったから、ある意味では寺院の個性を探るためには仏堂の考察に集中せざるを得ないともいえよう。いっぽう、僧坊という施設は各寺院においてもほぼ共通の構造・機能を持つものであり、寺院ごとの特性は反映されにくい傾向があるともいえる。

このような状況に対して、「寺院の社会生活史」を提唱し、僧侶の生活の場としての僧坊に着目したのが、黒田俊雄氏である〔黒田 一九八〇・一九九五b〕。これを受けて、さまざまな面からの「寺院社会」に対する研究が進展するようになったのである。もちろん、僧坊のみをもって寺院を語ることはできないのであるが、今後は僧坊と仏堂の両者を視野に入れて中世寺院を分析する視角が必要になってくるであろう。

とりわけ注目される近年の動向としては、建築史分野における僧坊研究の進展があり〔山岸 二〇〇四〕、本章もこの成果に多くを依拠することになる。ただし、どちらかと言えば顕密大寺院が主たる分析対象となっていることから、本章ではその他の中世寺院についても対象を広げていきたいと考えている。

2 独立僧坊の登場

寺院における僧坊の変遷を概観してみると、古代末から中世にかけて、「独立僧坊の登場」という大きな画期となる現象がみられる。

古代の僧坊は、伽藍の中心部分に位置する三面僧坊が典型的な僧坊であって、本章ではこれを「伽藍僧坊」と呼ぶことにしたい。伽藍僧坊は、中心的仏堂である講堂や金堂の近くに設けられた僧侶の共同生活の拠点であり、桁行きが長く、内部がいくつもの部屋に細分化された長屋のような

現存する典型的な伽藍僧坊（法隆寺東室）

スタイルの建築であった。伽藍僧坊は、単に「僧坊」と呼ばれるか、もしくは、位置を示す語を付けて「北僧坊」・「西僧坊」・「東僧坊」などと呼ばれることが一般的であり、「大乗院《だいじょういん》」や「三宝院」のような固有の呼び名を持たないことが特徴としてあげられる。

こうした古代以来の伽藍僧坊とは別の形態の僧坊が姿をあらわすという動き、「僧坊の自立化」とでも表現すべき動きが、十一世紀ごろから顕著になってくる。僧坊が仏堂（中心伽藍）から離れた位置に独立して存在するようになり、固有の院名・坊名を持つようになるのである。すなわち、寺院本体（仏堂）からある程度独立したスタイルの僧坊が成立し、子院《しいん》、院家《いんげ》、もしくは塔頭《たっちゅう》と呼ばれるようになる。

たとえば、法隆寺の子院は、十一世紀初頭から文献史料に登場するようになり、当初は周囲に築地塀はなかったものの、弘長《こうちょう》元年（一二六一）の寺内大整備の際に初めて築地塀を築いたことが史料上から確かめられる［高田 一九八二］。

鎌倉の永福寺《ようふくじ》の場合は、「二階堂」と呼ばれる中心的な仏堂が著名であるが、僧坊や別当坊は仏堂と別の場所（仏堂の背後の「西ヶ谷《にしがやつ》」、及び仏堂正面「亀ヶ淵《かめがふち》」の山の平場など）に展開していた。さらには、仏堂の背後を通り直接西ヶ谷の僧坊地区にアクセスする通路が存在していた可能性があることも、発掘の成果により判明している〔赤星 一九八〇、福田 一九九〇・二〇〇二〕。仏堂を経由せず僧坊と直接往来する経路が存在したとすれば、僧坊の独立性を象徴するものといえよう。永福寺の僧坊の形態が長屋型の伽藍僧坊ではないことは、次の『吾妻鏡』正治《しょうじ》元年（一一九九）十二月十八日条を見れば明らかである。

（梶原）景時の事、諸人連署状に就き、日来《ひごろ》連々沙汰を経られ、遂に今日鎌倉中を追出さる。和田左衛門尉義盛、三浦兵衛尉義村等、之を奉行す。よって相模国一宮に下向す。その後彼の家屋を破却し、永福寺僧坊に寄附せらると云々。

すなわち、梶原景時《かじわらかげとき》が御家人《ごけにん》たちの糾弾《きょうだん》を受けて鎌倉から追放されたとき、景時の住宅が解体されて「永福寺僧坊」に寄付された、ということである。御家人の住宅がそのまま僧坊に転用されているのであり、武士の住宅に近い様式が独立僧坊の一般的形態であったと想像される。

独立僧坊を宗教的側面から見てみると、門流の拠点として機能していたことが指摘できる。僧坊の建物自体が次第に私財化され、相続の対象にもなっていくのである〔竹島 一九三六、黒田 一九八〇・一九九五b〕。

醍醐寺《だいごじ》の道教《どうきょう》という僧の譲状案（『大日本古文書　醍醐寺文書之二』三四一（七）号文書）をみてみよう（〔　〕内は原文割り注。以下同じ）。

譲与　堂舎・庄薗等の事

一　遍智院　〔敷地券契等在り。倉等〕

堂舎　僧坊　経蔵　道具　本尊　聖教〔已上目六、別紙に在り〕
一　筑後国高良庄〔証文在り〕
一　覚洞院
堂舎　僧坊　経蔵　有職　承仕
一　阿波国金丸庄〔証文在り〕
覚洞院恒例仏事、先師御譲状の如く相違有るべからず。預所職に於いては良成阿闍梨庄務すべきなり。
一　伊勢国黒田庄〔証文在り〕
右、件の房舎・庄薗等、先師僧正譲り給う所なり。しかるに今証文等を相具し、親快法眼に譲与するなり。(中略)且門徒この旨を存じ、一味同心すべきなり。しからざるに於いては、本意無き次第なり。向後の違乱を断たんがため、子細を注すの状、件の如し。
嘉禎二年(一二三六)五月　日
権大僧都法眼和尚位(道教)〔在判〕

この史料によれば、師匠(「先師《せんし》」)の成賢《せいげん》から譲られた遍智院《へんちいん》の「堂舎、僧坊、経蔵、道具、本尊、聖教《しょうぎょう》」および覚洞院《かくとういん》の「堂舎、僧房、経蔵、有職、承仕《しょうじ》」が、荘園などとともに弟子の親快《しんかい》に譲られている。遍智院と覚洞院は、いずれも醍醐寺内の院家であり、相続の対象として師匠から弟子へ代々譲り渡されていることがわかる。

現在の醍醐寺（三宝院）

また、院家はしばしば師匠から弟子への法流伝授（伝法灌頂《でんぽうかんじょう》）の場として使用されていた。このことは、系譜類をはじめとする法流関係の多くの史料によって明らかである。さらに興味深い史料として、醍醐寺覚雅《かくが》の譲状（『大日本古文書　醍醐寺文書之二』三〇六（三）号文書）を次に掲げてみる。

附属

報恩院〔附大和国時重名・摂津国野間・寺辺田・屋敷并びに角坊〕

本尊・聖教等并びに道具等

右、院家等は、累代の聖跡、相伝の所帯なり。よって文書等を相具し、憲淳阿闍梨に譲り渡す所なり。早く祖師報恩院僧正の跡を守り、宜しく院家を興し法流を継がしめ給うべきなり。ただし一期の後は、蓮蔵院に伝え付けらるべし。もし彼の院主師資付法の儀無くんば、沙汰の外たるべきの状、件の如し。

正応五年（一二九二）八月廿四日　　法印（覚雅）（花押）

この史料では、覚雅が憲淳に院家報恩院《ほうおんいん》を譲るにあたり、報恩院のことを「累代の聖跡《せいせき》」と表現し、報恩院を開いた「祖師報恩院僧正（憲深）」の「跡」を守るように、と言い置いている。院家は、みずからの法流の由緒を示す聖なる場、いわば門流のシンボルとして位置づけられていたのである。

独立僧坊の一例（現在の報恩院）

主として顕密系の寺院では、院家を拠点として、各門流独自の修法《しゅほう》（まじないの方法）が確立される。得意とする修法を持つことで、門流（院家）の差異化が図られていくのである。このことは、それぞれの院家が、宗教的暴力の手段を一種の財産として排他的に所有し、独占する、という側面を持つことにもなる。また、院家は門流の宗教的財産が蓄積される場であるがゆえに、他の門流からの攻撃対象にもなり、守りのための武力（暴力）が形成されていくことも指摘されている［衣川二〇〇〇］。

顕密系の寺院と異なって、中世に成立・展開していく禅宗寺院には、「塔頭《たっちゅう》」と呼ばれる一種の独立僧坊が存在した。「塔頭」は、高僧の一時的な僧坊（退居寮）と、墓所（塔）が結びついて、南北朝時代に成立したものである。退居寮は本来、弟子への相続を許されない公的な建物であったが、これが変化した塔頭では門派の開祖の墓が結びついて、それぞれの門派の拠点となり、弟子たちに代々受け継がれていくのである。公的性格が薄れ、門派の私的財産になっていったのである［川上二〇〇五］。

こうしてみてくると、院家や塔頭などの独立僧坊は、寺院社会内における中心的な利害共同体といえよう。僧侶たちは、院家・塔頭の利害を念頭に置きつつ日常的に行動するということになり、いわば「身内」の組織と認識されていたと考えられる。

さらに、武力の単位として独立僧坊が機能する場合もある。坊主(院主)が弟子と同宿(弟子に準ずる関係)を率いて武力を発動するようなことが、しばしば起こったのである〔黒田 一九八〇・一九九五a〕。たとえば、和田合戦における日光山の事例を見てみよう。『吾妻鏡』建暦《けんりゃく》三年(一二一三)五月三日条には、次のような記述がある。

日光山別当法眼弁覚〔俗名大方余一〕、弟子同宿等を引率し、町大路に於いて、中山太郎行重と相戦う。小時行重逃げ奔ると云々。

すなわち、日光山別当の弁覚《べんかく》という人物(下総北部の御家人大方《おおかた》氏の一族)が、自己の僧坊に所属する直属の僧侶を率いて鎌倉での戦闘に参加し、町大路にて中山太郎行重《ゆきしげ》という和田方の武士を敗走させているのである。この記事は、僧坊の武力の単位としての性格をよく表現していると思われる。

ところで、中世後期になると、特定氏族とのつながりを持つ独立僧坊が寺内に併存するようになる。たとえば、十六世紀の越前平泉寺《へいせんじ》の例をみると、波多野氏とつながりの深い玉泉坊《ぎょくせんぼう》や飛鳥井《あすかい》氏とつながりの深い宝光院《ほうこういん》などが存在していたことが『朝倉始末記』の記述によってわかる〔宝珍 二〇〇〇〕。

また、中世後期の日光山では、有力武家の子弟が特定の僧坊の住持に選ばれるということが見られ、座禅院《ざぜんいん》は小山《おやま》・宇都宮・壬生《みぶ》氏、顕釈坊《けんしゃくぼう》は結城・小山氏、遊城院《ゆうじょういん》は宇都宮氏と、それぞれ密接に関わりあっていたのである。これについては、追善供養及び武力への期待が背景にあったと考えられている〔新井 一九九四〕。

さらに根来寺《ねごろじ》の事例を見てみると、十五世紀末から十六世紀にかけて、近隣の土豪が次々と僧坊を建立しており、著名なところでは杉ノ坊(津田《つだ》氏)、泉識坊《せんしきぼう》(土橋《どばし》氏)、成真院《じょうしんいん》(中《なか》氏)、などの子院が知られている[小山 一九九八、菅原 一九九五]。

以上のような事例から、中世後期には僧坊が有力土豪の利害を寺院社会内で代弁する状況にあったのではないかと考えられる。さらに言えば、よりストレートなかたちで、有力土豪たちが、みずからの拠点となる半俗的独立僧坊を建立したものが、中世後期に村落内などに大量に設立されていく「寺庵《じあん》」と呼ばれるような小規模寺院だったのではなかろうか。

3　伽藍僧坊の変化

これまで見てきたように、中世には、中心伽藍からやや離れたところに独立的な性格を持つ僧坊が形成される状況があった。そうした中で、古代の伽藍僧坊はどうなったのであろうか。

古代以来の伽藍僧坊のうちのいくつかは、中世には仏堂化していくことが知られている。奈良の元興寺《がんごうじ》の例で見ると、平安時代末に「極楽坊《ごくらくぼう》」と呼ばれる大僧坊の東半分が仏堂に改築され、鎌倉時代にさらに独立した仏堂に改築されて、現在の極楽坊本堂になっている。また法隆寺では、「東室《ひがしむろ》」という伽藍僧坊が、保安《ほうあん》二年(一一二一)の再建時に、南半分に聖徳太子像を祀った聖霊院《しょうりょういん》という仏堂になっている。同じく法隆寺の「西室《にしむろ》」という伽藍僧坊は、大治《だいじ》元年(一一二六)にやはり南半分を仏堂化し、三経院《さんきょういん》としている。唐招提寺《とうしょうだいじ》の東室でも、鎌倉時代の建仁年中に南半分を仏堂化しており、奈良諸大寺で広く見られる現象であったようである［鈴木（嘉）一九五七、高田 一九八一、山岸 二〇〇四］。

奈良のみならず、京都においても、醍醐寺三昧堂《さんまいどう》の東僧坊や西八条遍照心院《にしはちじょうへんじょうしんいん》の僧坊などが、平安末期から鎌倉時代にかけて一部が仏堂化したことが指摘されている［山岸 二〇〇四］。

また、伽藍僧坊の体裁を保ちながらも、仏堂的機能を持つようになる、いわば半仏堂化するような事例も見られる。たとえば、正嘉《しょうか》元年（一二五七）には、東大《とうだい》寺三面《じさんめん》僧坊の北室四聖坊《しせいぼう》を会場に、「四聖講」という法会が開始されている［永島 一九五八］。伽藍僧坊の一部が、特定の法会の会場として寺院内において位置づけられているのである。

現在の元興寺

いっぽうで、伽藍僧坊が建物・立地はそのままでありながら、特定の系統の僧侶によって相承《そうしょう》され、独立僧坊と化してしまった例も存在する。代表的なものとしては、十五世紀に、東大寺三面僧坊の西室・東室の一部に、それぞれ西室殿・東室殿という院家が成立した事例をあげることができる［永島 一九五八］。

以上のように、景観的には長屋型の伽藍僧坊の姿を維持しつつ、中世になって何らかの改変を加えられることが多かったのである。それでもなお、伽藍僧坊そのものが完全に消滅してしまうことがなかったのは、僧伽(僧侶の集団生活)の象徴として、伽藍僧坊は寺院内に不可欠の要素であったからであろう。

4　新たな伽藍僧坊の建立

古代の伽藍僧坊は、あるものは改変を加えられ、またあるものはそのままの形で、中世においても存続していた。しかし、中世寺院に見られた長屋型の伽藍僧坊のなかには、中世になって新たに創設されたものもあったのである。浄土・禅・律系統の、いわゆる新仏教系の寺院を含めて、中世に入って新たに建立された寺院も数多くあるわけであり、そうした寺院でも創立の当初はやはり伽藍僧坊を備えることが一般的であった。

禅宗寺院の僧堂は、伽藍中心部に設けられ、僧衆が共同生活を送る場所であり、伽藍僧坊の一種と見なすことができる。この建物の中で寝起きをして、食事をとり、座禅を組むというように、本来は禅僧の基本的な生活・修行の場であった。ところが、南北朝時代ころから、伽藍中心部からやや離れた場所に設けられた塔頭(独立僧坊)に居住する例が増加するのである[川上二〇〇五]。

律宗の寺院もまた、禅宗と似た伽藍構成を持つ。鎌倉中期に北条一門金沢氏によって創建された、武蔵金沢の称名寺《しょうみょうじ》の事例を見てみよう。著名な元亨三年(一三二三)の『称名寺絵図』(称名寺蔵)には、中央に金堂と講堂が描かれ、その左側に細長い建物がある。この建物の屋根の部分に「僧坊」とい

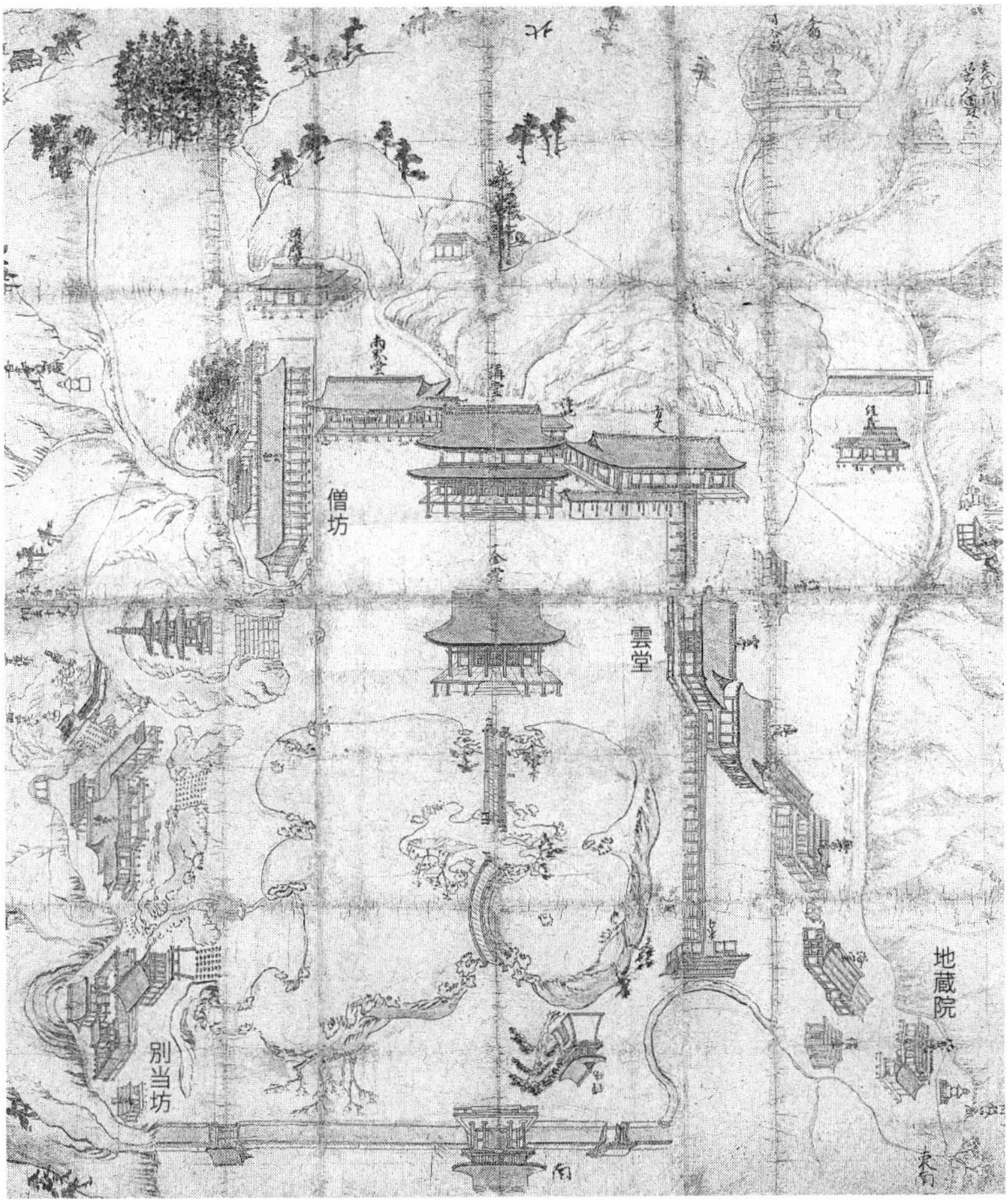

図 1　称名寺絵図（称名寺蔵）

う書き込みがあり、これが僧坊であることがわかる(図1参照)。桁行一五間・梁行四間の長屋型の伽藍僧坊であり、内部がいくつもの部屋に分かれていたと思われる。

『称名寺絵図』によって、少なくとも鎌倉末期には伽藍僧坊が存在したことは確かであるが、文献史料上では文永七年(一二七〇)六月の聖教《しょうぎょう》奥書に「称名寺僧坊」(『金沢文庫古文書　識語篇』一九〇六号)とあるものが初見である。当初から絵図に見られるような長屋型伽藍僧坊であったかどうかは不明であるが、絵図の僧坊は、金沢貞顕《さだあき》の代(十四世紀)の建立と考えられている[関口 一九七一]。

さらには、絵図を見ると、中心の金堂・講堂をはさんで僧坊と反対側に「雲堂《うんどう》」という建物も存在している。雲堂は禅宗では「僧堂」とも呼ばれる僧坊的施設で、称名寺には「僧坊」と「僧堂」(雲堂)が併存していたことになる。これは律宗寺院に特徴的な形ではないかとの指摘もあり、「僧坊」は僧侶が寝起きする建物、「雲堂」は食堂《じきどう》的なものと考えられている[藤井 一九九七]。同じく律宗系兼学寺院である鎌倉の浄光明寺《じょうこうみょうじ》の敷地絵図(鎌倉幕府滅亡直後ごろの景観を示す)にも、食堂を兼ねた僧堂と、寝起きの場としての僧坊が別々に描かれている[鈴木(亘)二〇〇五]。

そのほか、称名寺の絵図の東南の角(図1右下)には「地蔵院」、また西南の角(図1左下)には鎮守新宮の「別当坊」、というように、二つの独立僧坊も描かれている。

南北朝時代以降には、称名寺の伽藍僧坊はどうなっていくのであろうか。応永二年(一三九五)の守護結番《けちばんきょうみょう》交名(『金沢文庫古文書　所務篇』五六一一号)という史料を見てみよう(□□は欠損を示す。正確な欠損字数は不明)。

□□守護之次第事
□□　阿弥陀堂　宝光院
□□　客坊　二室
□□　三室　四室
□□　護摩堂　綱維坊
□□　浄地
□□　一室　二室
□□番　庫院　地蔵院
□□結番之次第、各半月無
□□可有守護之状如件、
応永二年正月十九日

史料上部に欠損があり、全体の性格がつかみにくいが、地蔵院・宝光院などの子院とともに「一室」、「二室」、「三室」、「四室」が個別に番に編成されており、伽藍僧坊の中の個別の房が独立僧坊化したのではないかと思われる〔福島 一九九七〕。さらに時代が下がって江戸時代には、「一之室」という名称をもつ独立した子院が存在していた。この江戸時代における「一之室」は、建物も伽藍僧坊の一部ではなく完全に独立した形となり、明治時代に至るまで存続していたのである。

称名寺の例に見るように、鎌倉時代に新たに建立された伽藍僧坊も、古代の伽藍僧坊と同じように、やがては独立僧坊化するという動きがあったのである。

5　独立僧坊の小寺院化

中世になって独立僧坊が整備されるようになると、僧坊そのものが単独で寺院的景観を示すようになる。そもそも僧坊は、寺院のなかの構成要素の一つであったのだが、それが次第に機能を拡張して、僧坊のみで完結した小寺院的な世界を形成するようになったのである。先に見た嘉禎二年(一二三六)五月日の醍醐寺道教の譲状(『醍醐寺文書』)では、醍醐寺子院の遍智院の構成要素として、「堂舎、僧坊、経蔵、道具、本尊、聖教」があげられている。本来は一僧坊に過ぎなかった遍智院に、本尊や堂舎(仏堂)、経蔵などの寺院の構成要素が付属するようになっていたことがわかる。

さらには、本寺の鎮守社とは別に、僧坊独自の鎮守社が存在する事例もある。応永三十年(一四二三)成立の『円覚寺黄梅院伽藍図《えんかくじおうばいいんがらんず》』(黄梅院蔵)を見ると、境内の最奥部に「鎮守」が描かれている(図2参照)。本寺である円覚寺にも鎮守社があるが、円覚寺の塔頭である黄梅院の中にも独自の鎮守が設けられていたのであり、絵図上でもかなり大きく描かれていることから、重要な位置を占めていたことがうかがわれる。

また、院主《いんじゅ》の住坊(寝殿)の周囲に長屋型の一般僧の僧坊(対屋《たいのや》、雑舎《ぞうしゃ》)が設けられる例もあり、いわば「独立僧坊の中の伽藍僧坊」とでもいうような景観が出現したのである。内部に長屋型僧坊を含み込むような形態は、まさに独立僧坊の小寺院化を象徴していると言えよう。これは、貴族の子弟を院主とする「門跡《もんぜき》」と称されるような比較的大規模な院家によく見られる形である。鎌倉時代

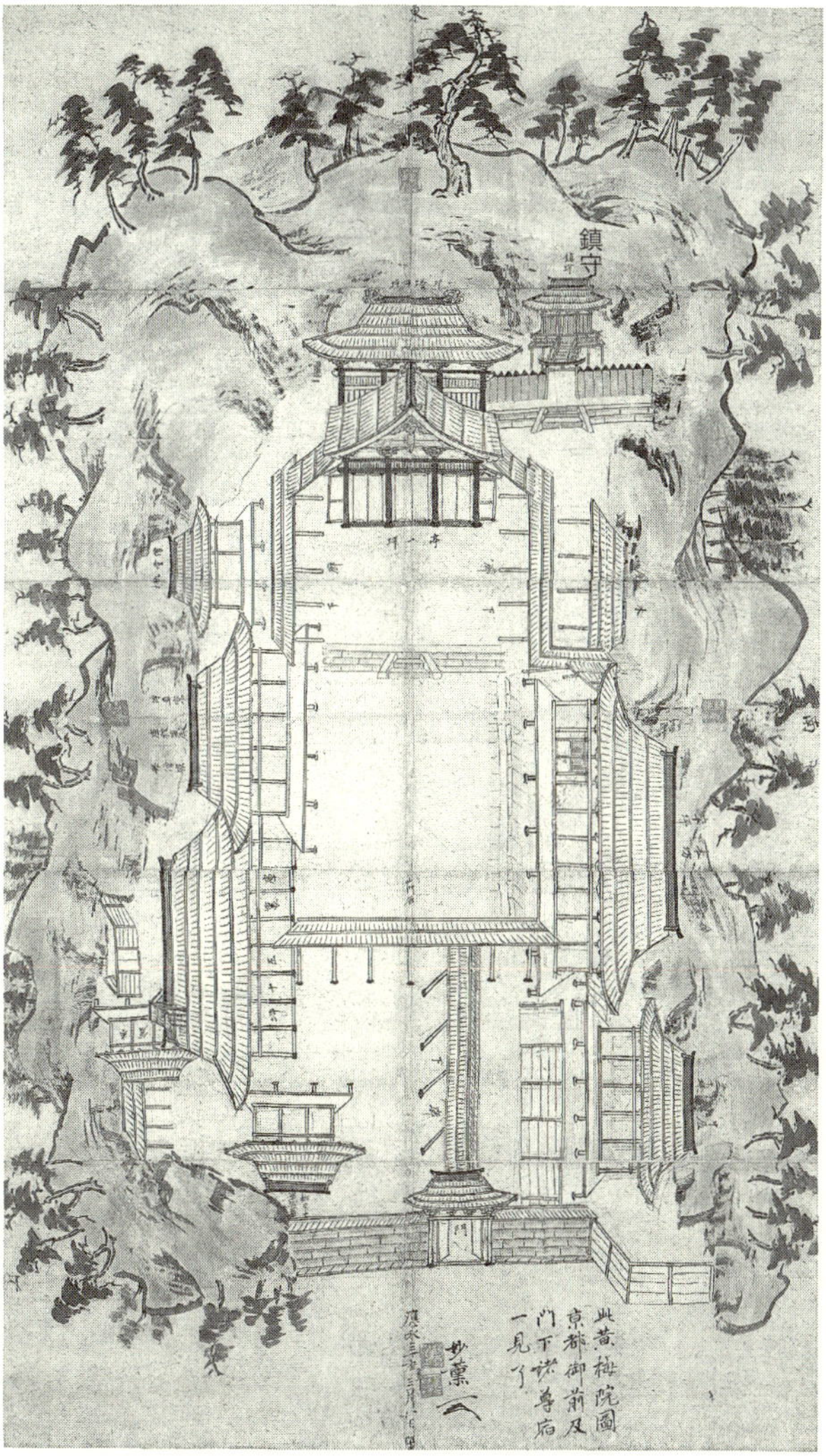

図2　黄梅院伽藍図（黄梅院蔵）

現在の明月院

に延暦寺門跡の一つ青蓮院《しょうれんいん》が、山下《さんげ》の京都白河に設けた里坊「三条白河坊」の姿などは、長屋型僧坊を内部に備えた代表的な例である〔山岸 二〇〇四、藤田 二〇〇二〕。

　子院・塔頭(独立僧坊)の勢力が増すと、僧坊と本寺との間において逆転現象さえ起こるようになる。鎌倉の明月院《めいげついん》の南北朝時代の様相を描いた『明月院絵図』(明月院蔵)から、その状況を見てとれる。明月院は禅《ぜん》興寺《こうじ》という禅宗寺院の塔頭であったが、本寺禅興寺が衰退し、むしろ塔頭明月院のほうに中心が移ったため、本寺の経蔵・三重塔を境内に取り込んでしまっているのである。

　中世の独立僧坊では、独自の宗教活動も行なわれていた。室町将軍の側近として活躍した醍醐寺三宝院《さんぼういん》の満済《まんさい》が活動拠点としたことで名高い法身院《ほっしんいん》(三宝院主の洛中での活動の便宜のために、土御門万里小路《つちみかどまでのこうじ》に設けられた僧坊。関係者の間では「京門跡」ともよばれた)では、清瀧講・御影供・地蔵講など毎月恒例の仏事や、聖教の書写、真言密教の重要儀式である伝法灌頂《でんぽうかんじょう》などの宗教活動が行なわれ、院内には五社・天神堂という二つの鎮守社も存在していたのである〔服部 二〇〇三、森 二〇〇四〕。

　京都の不断光院《ふだんこういん》という寺院に付属した、「南僧坊」の事例も注目される。この僧坊は、「南僧坊」という伽藍僧坊風の名を持つが、室町時代には独自の院主・院領を持つ独立僧坊となっていた。不断光院の本所《ほんじょ》九条家とは別に二階堂氏を檀那に持ち、「不断光院内御祈願寺南僧坊」(『九条家文書』)と称されたように、単独で将軍家の祈願所となったりもしているのである[西谷 一九九〇]。

禅宗寺院においては、「独立僧坊の再生産運動」のような現象も見られる。本寺に付属する独立僧坊として塔頭が成立し、さらに塔頭に付属する独立僧坊として寮舎《りょうしゃ》が成立するのである。具体的な事例としては、鎌倉禅興寺の塔頭明月院の下にさらに月笑軒《げっしょうけん》が寮舎として付属したり、京都相国寺《しょうこくじ》の塔頭鹿苑院《ろくおんいん》の下にさらに蔭凉軒《いんりょうけん》が創建された例などがあげられる。

以上のように、中世寺院においては、独立僧坊が単なる僧侶の寝起きの場という性格を越えて多面的な機能を持つようになり、「大寺院の中の小寺院」のような様相を呈してきたのである。

6 大規模僧坊群の形成

中世後期になると、独立僧坊が中心伽藍の周辺に大規模に集中して建立されるようになる。代表的な事例として、まず越前平泉寺《へいせんじ》を見てみよう。

白山信仰の拠点である平泉寺は、尾根上に中心伽藍が位置し、その両側の北谷・南谷に僧坊群が形成されていた(図3参照)。江戸時代の元禄期に古絵図を写したという『平泉寺境内絵図』(平泉寺白山神社蔵)には、「北谷二千四百坊」、「南谷三千六百坊」と書き込まれている。絵図における僧坊の描写はかなり類型化されたものであるが、発掘調査の結果により絵図の基本部分と合致する遺構

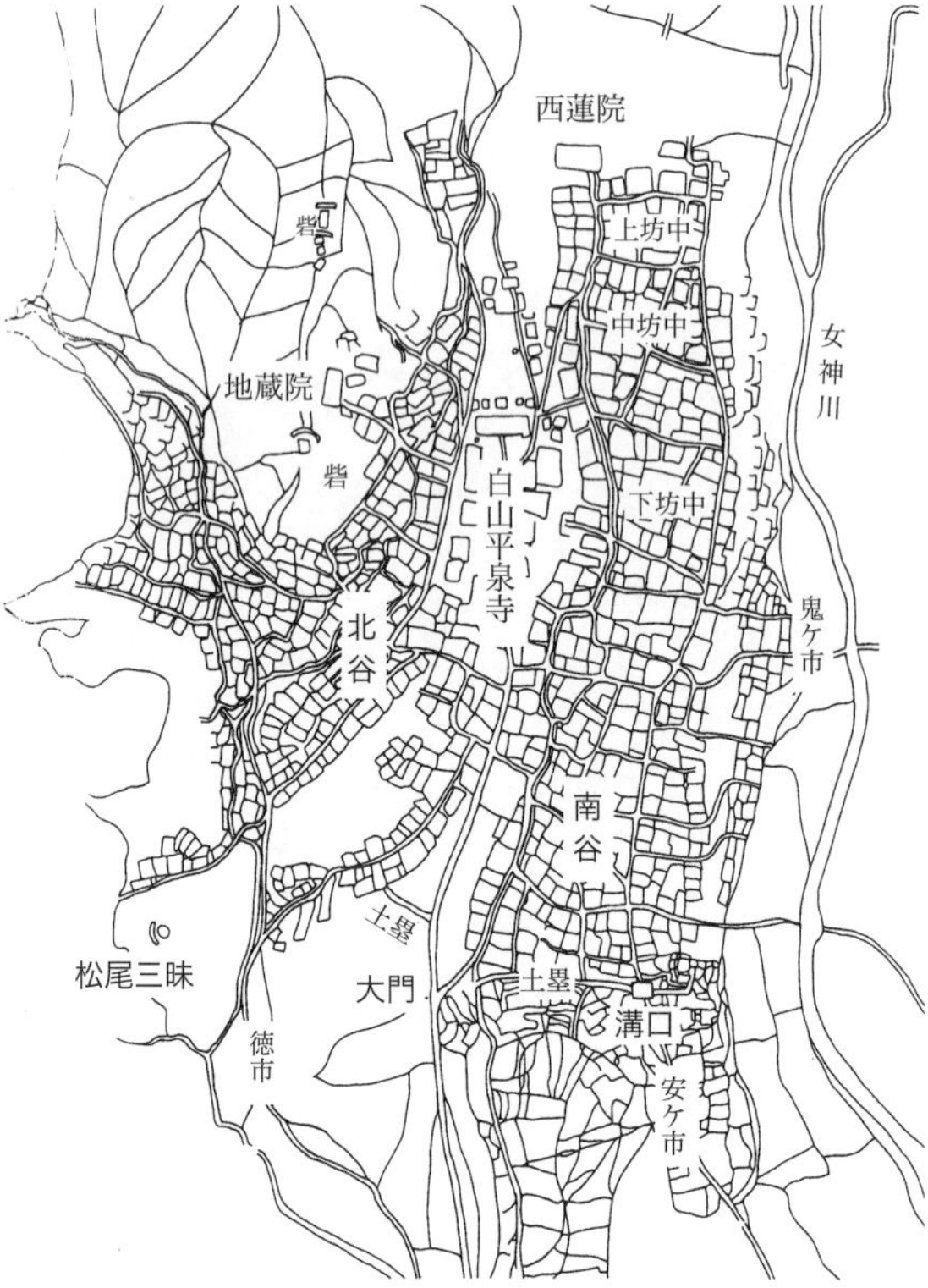

図3　平泉寺の全体像
(『図解　日本の中世遺跡』東京大学出版会、2001年)

が発見されており、大規模な僧坊群が形成された状況も全く荒唐無稽のものではないと思われる。

実際、現地調査からは中世の僧坊の数は三〇〇~六〇〇と推定されている。

平泉寺の僧坊は、天正二年(一五七四)の一向一揆による攻撃によって焼亡・消滅しているが、発掘調査により中世の姿が判明している。それによれば、十三世紀頃に僧坊の造営が開始され、十五世紀中頃～十六世紀初頭が僧坊群の最盛期とされている。また、僧坊群は石敷きの道で区割りされ、個々の僧坊は築地塀で仕切られていたという〔宝珍 一九九四・二〇〇〇〕。

慈光寺僧坊跡（昭和63年）
（『慈光寺遺跡群現況調査報告書』）

武蔵の慈光寺《じこうじ》も中世に大規模な僧坊群の形成が見られた寺院のひとつである。近世初期成立の『旧記』には、七五坊（当時存在二五坊・坊跡五〇）が記されている。天正二十年（一五九二）の『検地帳』には一五坊を記すのみであるが、『旧記』に記される僧坊跡が五〇を数えることから類推しても、中世末期（十六世紀以前）には一五をはるかに越える数の僧坊が存在していたのではなかろうか。

いっぽう、一九九一・九二年に行なわれた現地調査では、本堂周辺の山中・谷に一二二カ所の人工的な平場が確認され、近世絵図との位置の一致や旧字名・分限帳などからの類推によって、その多くが僧坊跡と推定されている。この遺跡群の採集遺物は十二世紀から存在し、主体は十四～十五世紀の陶磁器であるという。慈光寺が十六世紀に後北条氏配下の上田氏によって焼き討ちを受けていることからも、僧坊群形成の中心は十三～十五世紀ではないかと考えられる〔浅野 一九九三・一九九八、梅沢 一九八六、梅沢・野中 一九九三、吉田 一九九八〕。以上のことを総合的に考え合わせてみると、慈光寺の僧坊群は十五世紀頃に最盛期を迎え、『旧記』に記される七五坊に近い数が実際に存在したのではないかと思われる。

能登の気多社《けたしゃ》に関しては、天正十年(一五八二)の『気多社坪付帳』(『史料纂集　気多神社文書　第一』所収『大宮司桜井家文書』一〇五号文書)に、「不動院」、「正覚坊」、「薬師院」、「文殊坊」、「地蔵院」、「賢倫坊」、「仏蔵坊」、「普門坊」、「万善坊」、「清安坊」、「知乗坊」、「宥光坊」、「成勝坊」、「座主坊」、「西林坊」、「延命院」の計一六の院や坊が見えている。気多社関連の遺跡としては、気多社東方の「寺家オオバタケ地区」遺構があり、十三世紀初頭に大溝や掘立柱建物が出現していることから、この頃に社僧の僧坊造営が開始されたと推測されている。さらに東方の「寺家ブタイ地区」の遺構でも、溝による区画と掘立柱建物、仏具類が出土し、当該地区の小字が「フドウイン」(不動院)であることから、社僧坊群の一画ではないかと考えられる。出土した珠洲焼から、十五世紀後半~十六世紀前半の遺構と推定されている[湯尻 一九八四]。

紀伊の根来寺《ねごろじ》も同様の事例として評価できるであろう。発掘調査により復元された

図４　根来寺 谷間の坊院　推定復元図
(根来寺文化財研究所ほか編『根来寺』1988)

中世末の僧坊跡は四五〇を超え、遺物出土量は十五世紀末から十六世紀にかけて爆発的に増加している。各僧坊が、側溝を持つ道路に面して、石垣の上に築いた土塀を廻らし、門を構えるような景観(図4参照)が出現したのであり、「根来寺菩提谷七番」(『中家文書』)など、地番が存在したことも文献史料により確認されている[村田 一九八九、菅原 一九九五]。

以上のようないくつかの事例を通して考えてみると、全国各地で大規模な僧坊群が形成されるのは、十五〜十六世紀が中心となるであろう。これを「宗教都市」もしくは「僧坊都市」の形成と言い換えることも可能であろう。

形成された僧坊群の典型的な景観としては、築地塀により区画され、門を持つ僧坊が建ち並ぶというようなものが想定される。中世末の景観を描いたオリジナルの絵図を、近世に模写したものといわれる『日光山古絵図』(東京国立博物館蔵)には、類型化された描写ながら、石段状のアプローチを持つ門と石垣上の塀を特

図5　日光山古絵図　部分(東京国立博物館蔵)

徴とする僧坊群が描かれている(図5参照)。おそらくは、中世以来の典型的な僧坊群のイメージをもとに描かれたものであろう。

なお、僧坊群の景観の面でもう一つ注意すべき点は、神社色の強い寺社(鶴岡社、気多社、平泉寺など)においては、当初より神社域外に僧坊群が形成されるということである。すなわち、中心部分に伽藍僧坊が構えられることはなく、周辺の谷などに独立僧坊型の僧坊が設けられるのである。

それでは大規模僧坊群が形成される要因とは、いかなるものであったろうか。寺社が本来持っていた経済的な求心力が背景にあることは確かであり、中世都市における寺社には流通を促進する機能があったのである[高橋 二〇〇一(本書Ⅱ部5章)]。また、寺院の経済力に着目して僧坊が増加したとの指摘[宝珍 二〇〇〇]や、寺院は多種多様な商工業技術者の集住地でもあった[伊藤 二〇〇〇]という説もある。

とりわけ十五～十六世紀になって、大規模僧坊群の形成が顕著となった理由としては、寺院の経済活動と密接に関わる半僧半俗の職人的下級僧侶(堂衆《どうしゅ》、行人、承仕、公人《くにん》など)が、独立した僧坊を構え、私的財産として相伝するようになったからということが考えられる。

僧坊を構える僧侶の身分階層が多岐にわたるようになるにしたがって、身分階層による僧坊の区分も発生してくるのである。法隆寺では、享禄三年(一五三〇)の『坊別並僧別納帳』において「学侶坊」と「堂衆坊」の区別がなされていることが知られる[高田 一九八二]。

また、大規模僧坊群の中で空間的な住み分けもなされるようになり、平泉寺では北谷は清僧の僧坊が構えられる地区、南谷は妻帯僧の僧坊が構えられる地区、という形で区分がなされていたとの伝承が残されている(『平泉寺史要』)。法隆寺においても、十六世紀末までには学侶坊は西院側、堂衆坊は東院側という敷地区分が成立していた[高田 一九八二]。根来寺では、平地部の僧坊は間口三〇メートルで瓦葺きであるのに対して、谷間の僧坊は間口二〇メートルで板葺きであり、やはり身分差による住み分けが存在した可能性が高い[村田 一九八九]。

中世に盛んとなった独立僧坊の建立は、中世後期には大規模僧坊群の形成という形で展開し、中世寺社が都市的景観を呈する大きな要素となったのである。

おわりに

以上、本章では主として僧坊の展開に注目してきたが、最後に仏堂の展開についても触れておきたい。

中世寺院のなかには、京都白河の法勝寺《ほっしょうじ》などの天皇家の御願寺や、鎌倉大仏のように、ほぼ仏堂のみで構成されて僧坊が付属しない、もしくは僧坊と仏堂の関係が比較的稀薄であるような巨大寺院も存在した。こうしたモニュメント的な寺院は、概して次第に衰退してゆく流れにあったといえる。

ただし、法勝寺については、最新の研究によれば法勝寺供僧も寺周辺に僧坊を構えて常住していたということであり[上島 二〇〇六]、再検討の余地があるようである。また、法勝寺内の法華堂には、法華堂供僧の僧坊が付属していた。しかしながら、法勝寺の場合は、寺僧全体を対象とする本格的な長屋型の伽藍僧坊が寺内にはなく、寺外の独立僧坊も供僧個人の一代限りの住居の性格が強く、固有名を持ち私財として相伝される院家のようなものとは若干異なるようである。このような、仏堂と僧坊の関係が比較的稀薄な大寺院という性格は、鎌倉の永福寺などと近似性があるように思われる。

いっぽうで、そのほかの中世寺院の仏堂に関しては、「開放化」という動きが見られたと考えられる。中世に寺勢を保った多くの寺院は、広く貴族・武士・庶民などの参詣の場となり、巡礼・参籠の場として開放されてゆく方向にあった。さらには、町堂、村堂、辻堂などと呼ばれるような仏堂の存在が顕著となっていくことも、大きな特徴である。すなわち現地の人々が集結する場となったり、共同体の精神的中心となったり、不特定の人々の利用する公共的な場となるなど、社会の中で機能する小規模仏堂が各地に出現していったのである。

以上を踏まえて、中世寺院における僧坊と仏堂の機能・性格をごく単純化して対比してみたい。僧坊は、宗教的側面では寺院社会内での活動に限定される寺であり、「僧の寺」ととらえられ、経済活動・武力（暴力）の側面において寺院社会外と接触していたといえる。これに対して、仏堂は、宗教的には特定の僧侶集団の拠点とはなりにくく、広く社会にも開かれた寺であり、いわば「世間の寺」ととらえることができるのではなかろうか。僧坊の多様な展開により、中世寺院は、僧坊（僧の寺）と仏堂（世間の寺）の二つの側面に大きく分化していったのである。

7 日光山古絵図の世界

1 中世の宗教都市

日本中世の都市類型の一つとして、「宗教都市」というものをあげることができる。前近代の都市史の中で見れば、古代の都城や近世の城下町はきわめて明確な都市類型である。それに比べて中世には一見すると明確な都市類型がないようにもみえるが、都城や城下町に包摂されない、中世を代表する都市類型として「宗教都市」を想定することが可能であり、中世こそ宗教都市がもっとも成熟した時代であった〔伊藤 二〇〇三a〕。

ここで宗教都市と呼ぶのは、寺社などの宗教施設を核としつつ、門前を含むその周縁に商工業活動を営む住宅を付属させた都市空間のことをいう。このような都市は、広義の「境内」と呼ぶこともできるであろう〔伊藤 二〇〇三b〕。

中世宗教都市の具体的な様相については、京都・奈良の寺社や寺内町《じないまち》に関する豊富な研究をはじめとして、近江坂本、紀伊根来《ねごろ》、越前平泉寺《へいせんじ》など、従来は西国の事例についての蓄積が多かったように見受けられる。対する東国では、近年は下野宇都宮に関する研究［義江 二〇〇三］や、下総香取についての研究［湯浅 二〇〇七］なども見られるものの、「宗教都市」という観点からはまだ十分な考察が及んでいるとはいいがたい。そこで本章では、画像史料をてがかりとして、東国の寺社とその周縁の空間を、「宗教都市」としてとらえることを試みたいと思う。

2　日光山古絵図の景観

東国の宗教都市の様相を描いたものとして注目されるのが、東京国立博物館所蔵の『日光山古絵図』である。写真図版は、大阪市立博物館編『社寺参詣曼荼羅』などに収録されるほか、『日光市史　上巻』では口絵写真として掲載し、景観内容の比定を行なっている。

絵図の現状は紙本淡彩の連続する三枚の絵からなっており、その大きさは左が一三九・三×七五・〇、中央が一三七・七×七四・八、右が一三五・五×七五・〇（単位センチメートル）である。付属の小図に貼付された貼紙によれば、寛政十一年（一八〇〇）に中川飛騨守忠英《ただてる》が、当時輪王寺《りんのうじ》に所蔵されていた原本を模写せしめたものであるという［大阪市博 一九八七］。三枚のそれぞれに、「中川家蔵書印」という朱印がおされている。その後、本図は徳川宗敬氏から東京国立博物館へ寄贈され、輪王寺にあった原本は現在は所在不明であるという［日光市史編さん委 一九七九］。

ところで、絵図の模写を命じた中川忠英とはどのような人物であったろうか。中川忠英(一七五三~一八三〇)は江戸時代中期の幕臣で、目付、長崎奉行を経て、寛政九年(一七九七)から文化三年(一八〇六)まで勘定奉行兼関東郡代を務め、文化四年(一八〇七)には蝦夷地にも派遣され、長崎在勤中には『清俗紀聞《せいぞくきぶん》』を編纂している(国史大辞典「中川忠英」の項)。関東郡代在任中には廻村調査を行ない、『村方明細書上帳』の作成を推進しており、旧蔵書として『長崎唐館交易図巻』(神戸市立博物館現蔵)、『日本沿海分間図』(伊能図の写本。国立国会図書館現蔵)などが知られる。

これらから見て、中川忠英という人物は、各地の風土・景観を積極的に調査して記録することを遂行していたようである。『日光山古絵図』も、まさに彼が関東郡代在任中に模写せしめたものであり、原図の記録を意図したものであろう。

したがって、この絵図そのものは江戸時代作成の模本であるが、原図を忠実に模写したものと思われる。景観年代としては、一見して明らかなように東照宮が描かれていないことから、元和三年(一六一七)の東照宮造営以前の景観を描いたものである。また、右図上方に滝尾社如法経塔《たきのおしゃにょほうきょうとう》が描かれており、これが現存する文明二年(一四七〇)銘の鉄多宝塔とみられ、原図の作成はそれ以降ということになる[大阪市博 一九八七]。さらに、中央図上段に位置する小堂が、桜本坊宗安《さくらもとぼうそうあん》が天正三年(一五七五)に再興した行者堂とみられるのである[山澤 二〇〇九]。

すなわち、本図のもととなった絵図は中世末期から近世初頭にかけて作成されたもので、その模本である本図の内容から、中世最末期の日光山の様相を知ることができると考えられる。

三枚の絵図は、おおよそ上が北、下が南、右が東、左が西という位置関係になっている。ただし、右の図の下部と中央の図の下部に描かれる神橋から鉢石の町場にかけての部分のみは、例外的に東西が逆になっている。これは、東西関係を忠実に描くと、鉢石が右の図のさらに右(東)側へはみ出してしまうため、左(西)側に折り返した形にして、画面内に納めるための工夫を施したものと思われる。

絵図に描かれている建物のうち、左図の中段右端に見える新宮(二荒山《ふたらさん》神社)は鎌倉時代から現在にいたるまで位置が変わっておらず、そのすぐ右(中央図の中段左端)に描かれる三仏堂(金堂)は中世以来明治の神仏分離までは現在の二荒山神社社務所の位置に存在したという[菅原 二〇〇二]。したがって、この二つの建物を基準にして、絵図と現況を比較してみると、中央図の鳥居の奥(法華堂・常行堂が描かれているあたり)に東照宮が位置し、鳥居の手前に輪王寺が位置するという関係になる。また、左図上段の中禅寺上方には、中禅上人が大黒天を感得したという縁起にちなむと思われる大黒天の姿が描かれ、中世的な参詣曼荼羅風の要素も備えている[大阪市博 一九八七]。

絵図の景観のなかで、仏堂・社殿などの宗教的施設のほかに特に眼をひくのは、中央図下段にかなりのスペースをとって描かれている道沿いの建物群と、同じく中央図の中央を占めて参道の左右に展開する小規模な建物群である。これらについては、以下に詳しく見ていきたいと思う。

まず、中央図下段に見えている、神橋の先の道に沿って両側に建物が連続している部分に注目したい。

3 門前の町場

日光と言うと、東照宮の存在が強烈であるため、中世以前の日光山については相対的に印象が薄いが、東照宮造営以前にもすでに大寺社というべき様相を備えていた。日光山は八世紀に勝道《しょうどう》上人によって開かれたと伝えられ、男体山《なんたいさん》を中心とする山岳信仰の場として発展した。やがて真言宗、天台宗の勢力が相次いで拠点を置き、とりわけ平安時代末期以降は常行堂の阿弥陀信仰を中心とする天台山門派の一大拠点となっていたのである〔日光市史編さん委 一九七九、菅原 二〇〇一、千田 二〇〇三・二〇〇五〕。

中世の日光山は、天台を核に、真言、山岳信仰が渾然一体となった東国の大寺社であったわけであるが、その境内の入り口にあたる神橋の外側、境内の東方・大谷《だいや》川の右岸に形成されたのが、門前の町場である「鉢石《はついし》」である。

絵図の建物群は、ほぼ同規模の建物が連続し、道に向かって入り口を大きく開く形で表現されている。建物の中には商品とみられるものが描き込まれ、米俵を運ぶ人の姿も見えている。こうした景観と神橋の外側という位置関係から、この建物群が門前の町場である鉢石を描いていることは間

図1　日光二荒山之図（東京国立博物館蔵）

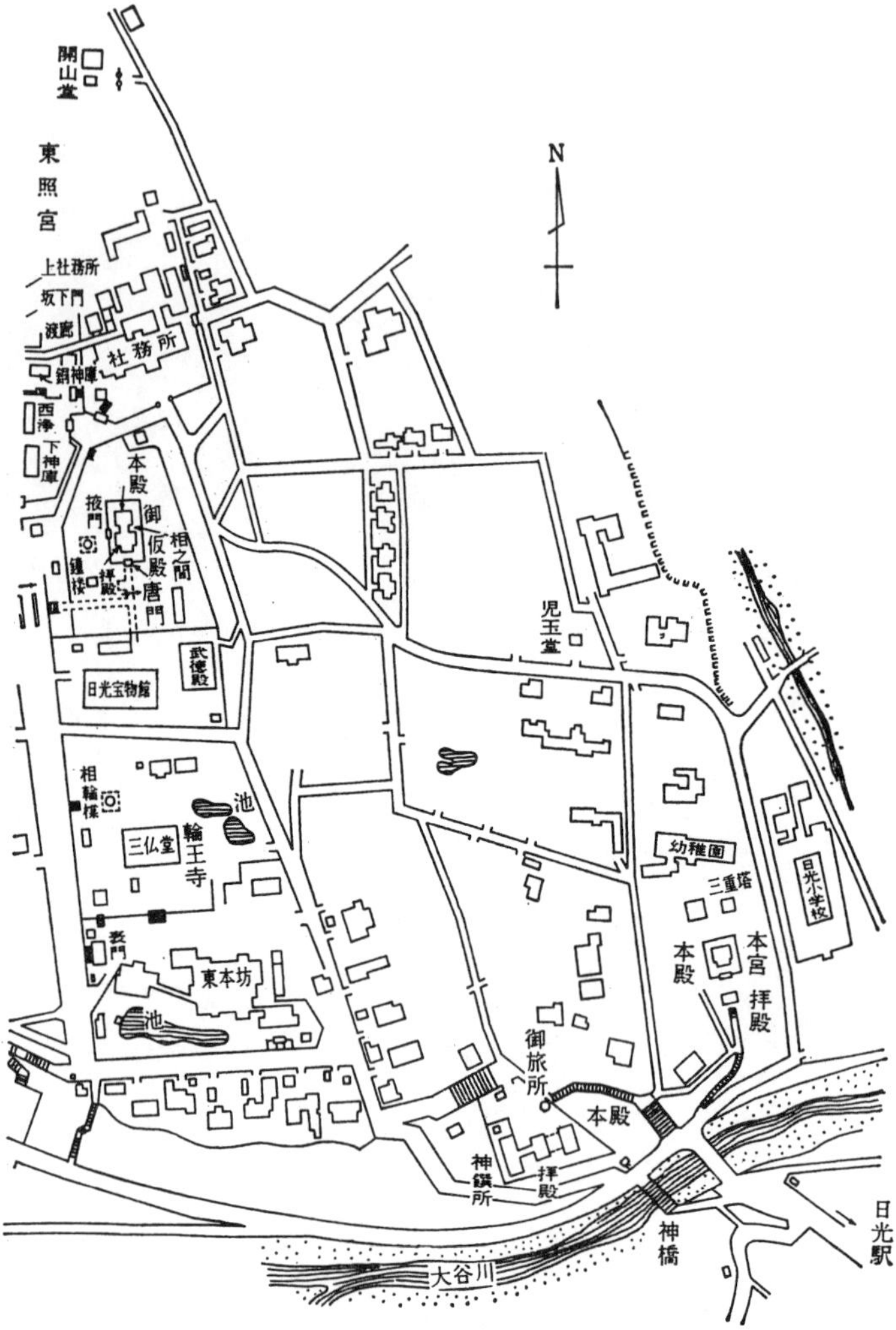

図 2　日光山内現況図（『日光市史中巻』1979 年）

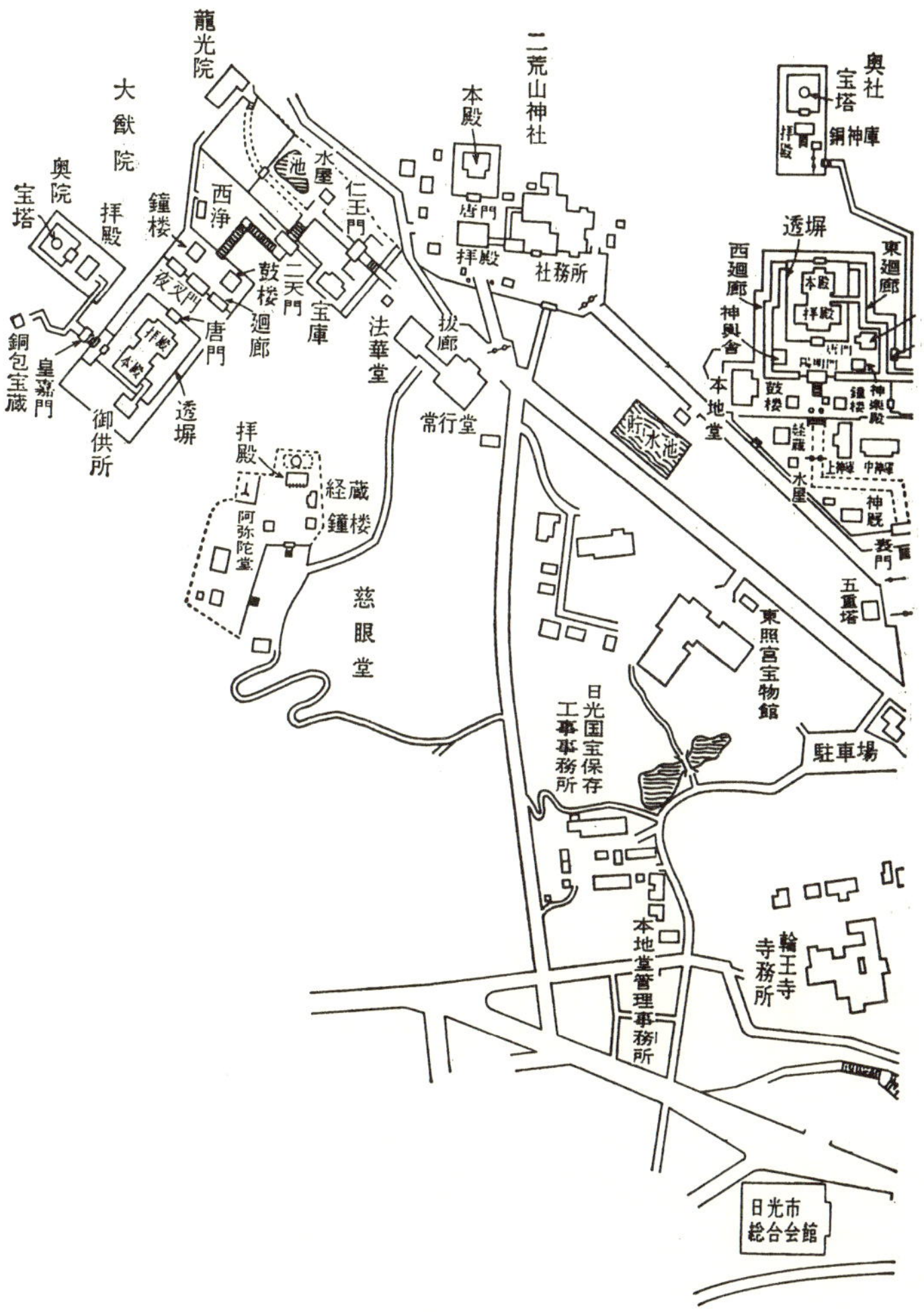
龍光院
大猷院
奥院
宝塔
拝殿
鐘楼
西浄
池
水屋
仁王門
夜叉門
鼓楼
二天門
宝庫
廻廊
唐門
拝殿
本殿
銅包宝蔵
皇嘉門
御供所
透塀
法華堂
拔廊
常行堂
二荒山神社
本殿
唐門
拝殿
社務所
拝殿
経蔵
鐘楼
阿弥陀堂
慈眼堂
貯水池
奥社
宝塔
銅神庫
透塀
西廻廊
東廻廊
本殿
拝殿
神輿舎
本地堂
鼓楼
鐘楼
神楽殿
経蔵
上神庫
中神庫
水屋
神厩
表門
五重塔
東照宮宝物館
日光国宝保存工事事務所
駐車場
輪王寺寺務所
本地堂管理事務所
日光市総合会館

違いない。

鉢石は、古くは「坂本」と呼ばれていたようである。永正六年(一五〇九)に日光を訪れた連歌師の柴屋軒宗長《さいおくけんそうちょう》の記録『東路《あずまじ》のつと』(『群書類従　紀行部』所収)に、次のような一節がある。

鹿沼《かぬま》より寺までは五十里の道、此ごろの雨に人馬の行かよひとをるべくもあらざりしにや、寺の坂もとまで、所々よりいでくる過分なりしこと也。坂本の人家は数をわかず続きて福地とみゆ。坂本より、京鎌倉の町有て市の如し。ここよりつづらおりなる岩にもつたひてよぢのぼれば、寺のさまあはれに、松杉雲霧《うんむ》まじはり、槇檜原《まきひばら》の峯幾重《みねいくえ》ともなし。

鹿沼から「寺」、すなわち日光山へ向かうと、「寺の坂もと」に人家が連続して「京鎌倉の町」に匹敵するような町並みを形成しており、「市」のようなにぎわいを見せていたというのである。この坂本が、後に鉢石と呼ばれる町場に相当することは、その地理的な位置から見ても確かである。

ところで、中世においては、山地に建立された大寺社の麓に、寺社の経済活動をにない寺社と密接な関係を持つ町場(都市)が形成されることは、しばしば見られたことである。たとえば、高野山においては、登山口にあたる九度山《くどやま》の地に、政所慈尊院《じそんいん》を中心とする町場が形成されていた。高野山から派生した根来寺においても、境内への登り口にあたる坂本に町場が形成されていた。

このように大寺社の存在する山の麓に形成された町場は、その地理的な性格を反映して、根来寺の場合と同じく、「坂本」という地名である場合が多い。もっとも有名なものは、比叡山延暦寺の東の麓において発展した近江の坂本(滋賀県大津市)の事例であろう。近江坂本は「東坂本」とも呼ばれ、延暦寺の里坊や商工業者が集中する、半ば独立した一種の宗教都市となっていたのである。いっぽうで、比叡山の西の麓にあたる高野、およびその南に隣接する修学院《しゅがくいん》・一乗寺の周辺は、比叡山の西の麓という意味から「西坂本」と称され、ここにも延暦寺と密接に関わる集落が形成されていたのである。そのほか、奥州平泉の中尊寺《ちゅうそんじ》の麓にも、「坂本」と呼ばれる町場が形成されていた。

日光の門前町場である坂本(のちの鉢石)も、そうした事例のひとつといえよう。なお、ここで「門前町」と表記せず、あえて「門前の町場」とするのは、近世の「門前町」と区別するためである。寺社の参詣者を対象とする店舗が参道の両側に並ぶような、一般的な「門前町」の概念は中世都市にはあてはまらないようであり〔石井 二〇〇五〕、参詣者との関係だけではなく、寺社と密接に関わりながらも独自に商工業活動が行なわれていた場所として想定したいからである。

鉢石の町自体は、十五世紀にはすでに市町として存在しており、居住する商人たちが日光山常堂に仏具や資材を寄進していたことが指摘されている〔山澤 二〇〇九〕。

戦国時代末期に日光山の僧侶桜本坊宗安が編纂した『日光山往古年中行事帳』(『鹿沼市史　資料編　古代・中世』所収)にも、「鉢石」の名が数カ所に見えており、中世末期までには「鉢石」という名称が定着していたことがわかる。

慶長十二年(一六〇七)閏四月七日の座禅院《ざぜんいん》昌 淳《しょうじゅん》安堵状写(『武州文書』)には、「鉢石宿屋敷一間」が見えている。この「屋敷」は僧侶等が知行する商職人の家と推定されている〔山澤 一九九六〕。おそらくは、こうした屋敷が連続して建ち並ぶような町場が、中世末期、戦国時代のころには形成されていたと思われる。

右にあげた『日光山往古年中行事帳』には、「鉢石ハ坊中ノ酒ノ子〔値カ〕ヲ聞テ、ウルヘシ」という記述があり、酒の販売が行なわれていたことがわかる。また、絵を仔細に見てみると、建物の中には曲物や膳・椀と思われるものが置いてあり、近世に日光の名物となる商品がすでにこのころより鉢石において製造・販売されていたことを示唆している。

そのほか、先にも触れたように、馬から米俵をおろして建物に運びこもうとする人々の姿が描かれており、棒で前後に荷をになって道を行く人の姿もある。こうした光景は、いずれも門前の町場のにぎわいを表現しているものなのである。

4　僧坊と山内在家

つづいて、眼を上方に転じて、中央図中央の鳥居前の左右に展開する建物群を見ていきたい。むかって参道の左側には、石段つきの門を構え、石垣上に立つ塀で囲まれた形の建物が連続している。この建物群の光景は、根来寺や越前平泉寺などをはじめとして、十五・十六世紀を中心に各地で形成された大規模僧坊群の景観と類似している〔高橋 二〇〇七(本書Ⅱ部6章)〕。『日光市史　上巻』口絵がこの部分を「僧坊」と比定しているように、これらは僧坊群と考えられる。

先にとりあげた『東路のつと』の中で、筆者の宗長は、境内背後の山腹に位置する瀧尾社に登り、そこから境内中心部を見下ろした光景を次のように描写している。

　寺より廿余町のほど、大石をたためる。なべての寺の道、石をしきて滑《なめらか》なり。これより谷谷を見おろせば、院々僧坊およそ五百坊にも余りぬらん。

このように、五百という数には誇張もあると思われるが、境内には実に多くの僧坊が建ち並んでいたようであり、その一部が絵図の中央に描かれている建物群に相当するであろう。なお、右の描写からは、日光山内の道路が石敷きで舗装されていたこともわかり、興味深い。

　時代は下るが、元禄四年(一六九一)作成の『日光山本房并惣徒旧跡之記』(『日光山常行三昧堂新造大過去帳』の一部。『栃木県史　史料編　中世四』所収)の記事からも、おおよそ絵図の建物群のあたり(鳥居の西)に中世には存在した可能性が高い僧坊を知ることができる。具体的な名としては、座禅院(中世後期日光山の最高責任者の住房)、浄月房、顕釈房、浄土院、桜本院、座宝房、妙法房、宝蔵房、普門房、円実房があげられる。したがって、絵図の建物群のあたりに、実際に僧坊群が存在したことはほぼ間違いないであろう。

　中世後期の日光山内の僧坊は、単に僧侶の住宅として存在していたのではなく、参詣人の宿坊として機能していたほか、金融や商工業活動にも携わっていたことが指摘されている[新井 一九九四]。

　さて、絵図では参道の向かって右側にも同様に建物群が見えている。一見すると左側の僧坊群と同じようにも見えるが、石段つきの門や塀は描かれていない。俯瞰する角度が建物の後から眺めるようなかたちになるため、技術的に描けなかった可能性もあるが、僧坊群とは性格の違うものとして描き分けようとしたとも考えられる。

この建物群の場所には、『日光山本房幷惣徒旧跡之記』によればいくつかの僧坊も存在したと推定されるが、実は在家(俗人の屋敷)が多く存在したと思われるのである。

なぜならば、天保八年(一八三七)刊行の植田孟縉《もうしん》編『日光山志』(『版本地誌大系』所収)の、松原町・石屋町・御幸町の項に、次のような記述があるのである。

伝へ聞く、この三町、今ことごとく町なみの軒をつらねしは、寛永以来のことなりと云へり。その以前は、御幸町を新町と称して御山内の中山の地に在しと云ひ、石屋町・松原町は、御山内こゝかしこ、又は御山外所々山ぎわなどにありし家々なりしが、寛永十七年、ゆえありて新町を鉢石町の下へ移さる。その時、浄土院・観音院・実教院・光樹院の四ヶ院、その町跡を寺地に賜はりて引き移れり。他に山内外所々散在せし俗家をば、稲荷町ならびに松原に移さる。

右の記事によれば、寛永十七年(一六四〇)に山内の中山というところにあった町を鉢石の下(西)へ移したのが御幸町であり、その跡地に浄土院以下四ヶ院が移転したという。また、そのほかの山内の在家を同じく鉢石の西に移したのが、石屋町・松原町であるという。

『日光山志』所収の「御山内縮図」を見ると、浄土院・観音院・実教院・光樹院の存在した場所、すなわちかつて中山の「新町」が存在した場所は、まさに絵図における参道の右(西)側にあたっている。中世には、このあたりに在家が多く存在したと思われる。ただし、「新町」という形で町が形成されるようになるのは、近世初頭の元和ころからと考えられるので[山澤　一九九六]、中世には

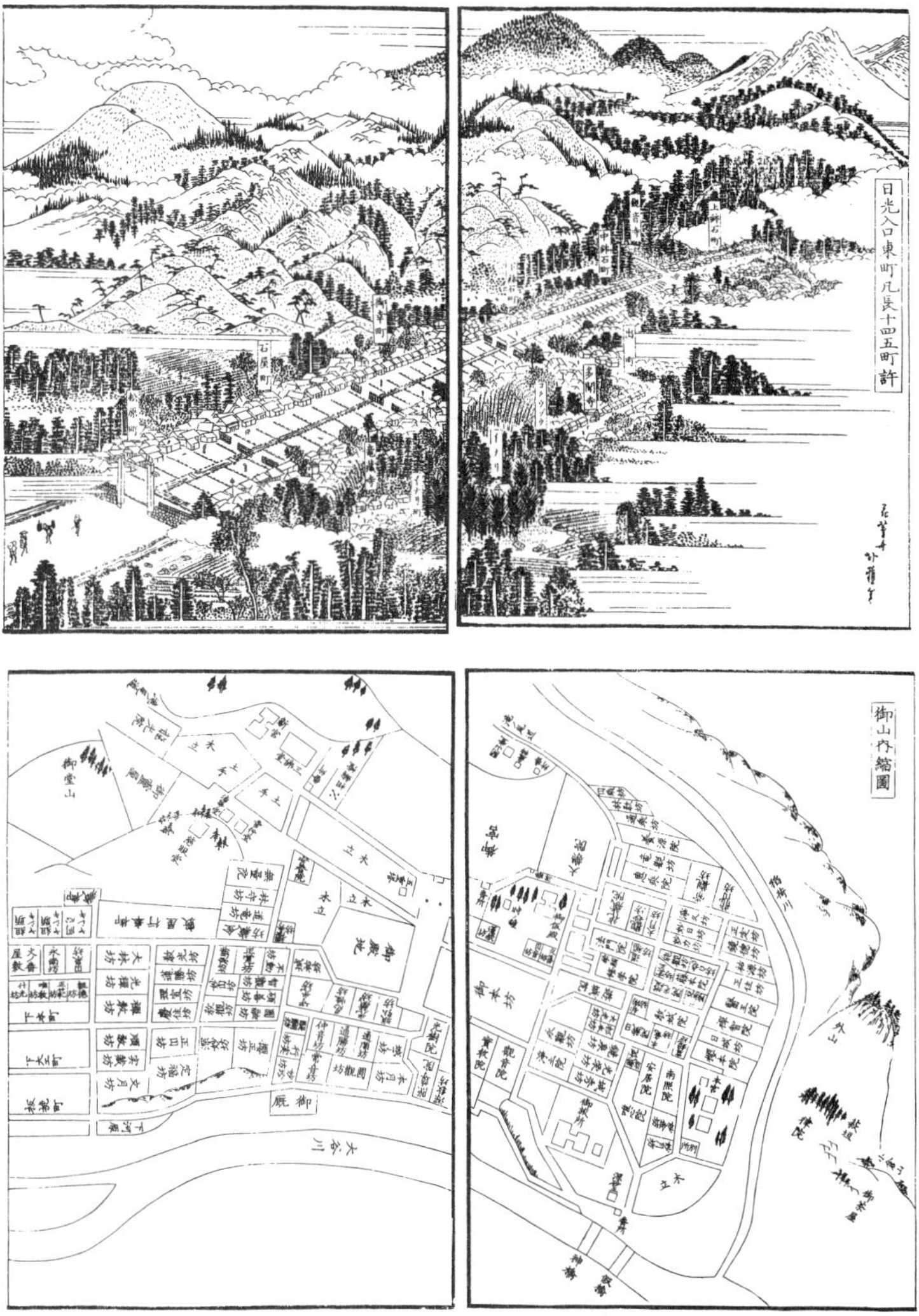

図3 「日光入口東町図」と「御山内縮図」(『日光山志』所収)

僧坊と在家が混在するような状況であったであろう。『日光山志』の記事からもわかるように、実際には参道西側に限らず、山内のあちこちに在家が存在していたのであるが、絵図に描かれた参道（鳥居）の西側あたりに、とりわけ在家が集中していたのではなかろうか。

ちなみに、右図上方の別所あたりには水車が描かれており、これもまた山内における何らかの生産活動を示すものと思われる。

5　境内と門前の町場

これまで見てきたことからわかるように、中世の日光においては、境内（山内）と門前の町場（鉢石）が一体となって、宗教都市日光を形成していた。絵図において、部分的に東西関係を逆転させてまで鉢石を無理矢理に組み込んでいることからも、門前町場が都市日光の不可欠の要素と認識されていたことを示している。

類似する事例として、先にも触れた紀伊の根来寺（和歌山県岩出市）をあげることができる。そもそも、根来寺の境内そのものがひとつの宗教都市という様相を呈していたととらえることができるのであるが［高橋 二〇〇二］、寺域を出て西南へやや下った場所に位置する「西坂本」地区（岩出市根来の根来街道付近。単に「坂本」とも呼ばれる）にも、根来寺と密接に結びついた別の町場が形成されていたのである［和歌山県史編さん委 一九九四、菅原 一九九五］。

西坂本の町場としての性格を示す、具体的な事例をあげてみよう。大伝法院多宝塔は、現在も根来寺に残されている戦国時代以来の建造物で、国宝に指定されているが、部材から「サカモトノ番匠」という墨書が発見されている。西坂本に番匠(大工)がいたことが、このことよりわかる。

また、和歌山県紀の川市粉河《こかわ》町上丹生谷《かみにうだに》の丹生神社に所蔵される国指定重要文化財の太刀には、鞘《さや》の内側に墨書銘があり(『和歌山県の文化財　二』所収)、「根来寺坂本金物之大工左衛門尉家次」の名と「文明二年(一四七〇)九月二十七日」の日付が記されている。よって、西坂本には金物職人がいたのであり、想像をたくましくすれば、根来寺へ鉄砲を供給する鉄砲鍛冶もいた可能性がある。

さらに、西坂本地区の発掘調査の結果、漆塗り用の刷毛《はけ》や、多量の根来塗りの椀類が出土しており、根来塗りの漆器が西坂本で生産されていたことが判明した。

西坂本には根来寺の生活を支える商人・職人が居住していたと思われ、一種の門前町場を形成していたのである。よって、根来寺境内と西坂本とを合わせて、宗教都市根来ととらえることができるのである。

日光の門前の町場は、近世には日光道の宿場のひとつ「鉢石宿」となり、日光山内とは行政的にはいちおう区別される場となった。そのいっぽうで、「鉢石町」と称して日光東町の一部を構成し、東照宮関係の夫役《ぶやく》を町として負担したり、東照宮仮殿建立に鉢石町の商職人が関わったり、神橋の架け替えの際に鉢石の町人が渡り初めを行なうなど[山澤　一九九六]、日光山内との関係も依然として残されていた。

このことは、日光の門前町場が中世以来、境内と一体となって、宗教都市日光の一部として活動をしてきたことに由来するものと考えられよう。

中世における日光山内の僧坊と在家、および門前町場鉢石の三者間の密接な関係を示しているのが、先に一部を引用した『日光山往古年中行事帳』のなかの酒の販売に関する一条である。あらためて全文をあげてみよう。

酒ヒサイノ事、時々八木ノ子ヲ積テ酒ノ子ヲ申付、安西ヘモ届申候。ヒサイノ事ハ坊中ニテ無之故ニ、安西其元ハカライ可被申由、申届候。モチ・トウフ等ノ事、安西子ヲ立候。御橋ノ内在家ハ、ヒサイ鉢石ノ子ヲ上テ用之、鉢石ハ坊中ノ酒ノ子ヲ聞テウルヘシ。

意味をとりにくい部分もあるが、「子」は「ね」すなわち「値」のことと考えれば、おおよそ次のような内容になる。

酒の販売のこと。その時々の八木(米)の値段に上乗せして酒の値段を決め、安西氏(山内の奉行か)に届けることとする。酒の販売は僧坊ではできないので、安西氏が取りはからうようにする。餅・豆腐の値段は安西氏が決める。山内の在家は、鉢石の値段にならって販売をする。鉢石では、僧坊の酒の値段を聞いて、販売を行なう。

僧坊で決めた酒の値段を基準として、鉢石の町場も山内の在家も値段を決定し、販売を行なっていたのである。山内(境内)在家と、門前鉢石がそれぞれ独自に販売活動を行ないつつも、いずれも僧坊のイニシアチブに従う形で、一体化した空間を形成していたと言える。

以上の考察により、中世においては、それ自体が都市的な性格を持つ寺社の「境内」と、その周辺に位置して寺社と密接な活動を行なう「門前の町場」とが、全体として一つの宗教都市を形成する事例が広く存在したと想定される。このように考えるならば、壮麗な境内と、その一角に群集する僧坊・在家、そして門前町場の繁栄を描いた『日光山古絵図』の世界は、中世東国の宗教都市のひとつのあり方を象徴的に描いたものと位置づけることができよう。

8　鎌倉における御所の記憶と大門寺

はじめに

歴史的に見て、前近代の日本の都市は、均質的な一つの空間によって構成されていたというよりは、さまざまな意味性を持つ「場所」の集合体として存在していたとみなすことができよう。継続的に定住が繰り返される都市においては、個々の「場所」は、どのような人々によって生きられたかによって、それぞれ独自の歴史性が積み重ねられ、住人の意識を規定するようになる。いわば「場所の記憶」とでもいうべきものが、都市住人の心性のなかに引き継がれていったのではないかと思われる(1)。

都市における「場所の記憶」がもっとも顕著に見られるのが、政治的な拠点である。政治勢力が交替した場合、前代の拠点をそのまま継承することが多々あるからである。

また、政治的拠点が都市内の他の場所へ移動した場合でも、元の場所が他の用地として転用されずにそのまま放置されることがある。それは、その場所がいずれまた政治的拠点として復活する可能性を前提として、その時まで空閑地として保存するということであり、「場所の記憶」が尊重された結果と考えられる。

代表的な事例として、中世京都の大内裏《だいだいり》跡をあげることができる。古代平安京の中心部は、天皇の居所(内裏)や諸官庁の集中する大内裏と呼ばれる一画であった。ところが平安末期までには、天皇は左京の市街地内部に設定されたいくつかの御所(いわゆる里内裏)を拠点とするようになり、官庁も同様に大内裏の外部へと移動したのである。かつての大内裏は廃墟と化して内野《うちの》と呼ばれる広野となり、公家祖霊《くげそれい》等の宿る場所として「王城鎮護の聖域」と理解されるようになっていたのである［義江 一九八四］。

内野を空閑地としておくことは、公家政権(朝廷)が都市京都において最初に拠点を置いた場所の記憶を残そうとしたということであり、京都住人もそうした「場所の記憶」を尊重したということになろう。

もっとも、中世になって新たに京都へ流入してきた武士たちには、内野という場所への理解が乏しかったらしく、六波羅探題《ろくはらたんだい》配下の武士が内野を馬場として使用し、執権北条泰時《やすとき》から制止されるという事態も発生している［高橋 一九九六a］。この場合は、新住民である武士たちが、「場所の記憶」を共有していなかったために起きた事件であり、泰時も含めて「場所の記憶」を知る人々にとっては憂慮すべき事態だったのである。

大倉御所跡の石碑　道の先には頼朝墓所

政権の拠点の跡地を保存する例は、隣国の朝鮮王朝にも見られる。朝鮮王朝の首都である漢城《ソウル》に、正宮として建設された景福宮《キョンボックン》は、十六世紀の豊臣秀吉の侵略により焼失し、その後二七〇年にわたり荒廃した土地のままであった。十九世紀中頃の「朝鮮京城図」には、広大な土地の中に「石柱四十八」との記述がある〔須川 二〇〇二〕。ただし、平安京の大内裏と異なり、景福宮は一八六七年に元の場所に再建されている。

　話を中世日本に戻そう。中世前期において公家政権に並び立つ存在であった武家政権（幕府）の本拠地たる鎌倉の場合は、どうであったろうか。都市鎌倉においても、政権の拠点たる将軍御所は、大倉御所《おおくらごしょ》、宇都宮辻子御所《うつのみやずしごしょ》、若宮大路御所《わかみやおおじごしょ》と三度その場所を変えている〔松尾 一九九三など〕。

　最初に拠点がおかれた大倉御所の跡地は、その後どうなったのであろうか。中世鎌倉の将軍御所に関しても「場所の記憶」を残そうとする営みを確かめることができるであろうか。これが、本章の課題である。

1 大倉御所の記憶

(1) 御所移転後の大倉の土地利用

大倉御所は、治承《じしょう》四年(一一八〇)十二月に新造され源頼朝が居所に定めて以来、承久《じょうきゅう》元年(一二一九)の焼失まで将軍の御所として使用されていた。

大倉御所の位置は、御所が法華堂《ほっけどう》(頼朝墓所)の下にあったとする『吾妻鏡』の記述や、「東御門《ひがしみかど》」、「西御門」、「南御門」という現存地名などから、『鎌倉市史 総説編』においては次のように推定されている〔鎌倉市史 一九五九:一六一〜一六二頁〕。

すなわち、北は頼朝墓所のある岡の下を東西に引いた線、南は筋違橋《すじかいばし》から金沢に至る道(六浦道《むつらみち》)、東は二階堂大路の分岐点から東御門へ入る線、西は筋違橋の少し東で西御門へ入る道によって囲まれた部分で、東西約二町半、南北約二町の規模である。

ただし、西の境界については、山村亜希氏によって、地籍図をもとに小町《こまち》大路の延長線まで拡大する説が出されている〔山村 一九九七〕。この小町大路の延長線は、明治時代の旧道にあたるとともに、西御門川に沿った線となり、御所の西の境界にふさわしいと思われる。

承久元年正月、将軍源実朝《さねとも》は公暁《くぎょう》によって暗殺され、同十二月に大倉御所も焼失し、主と運命を

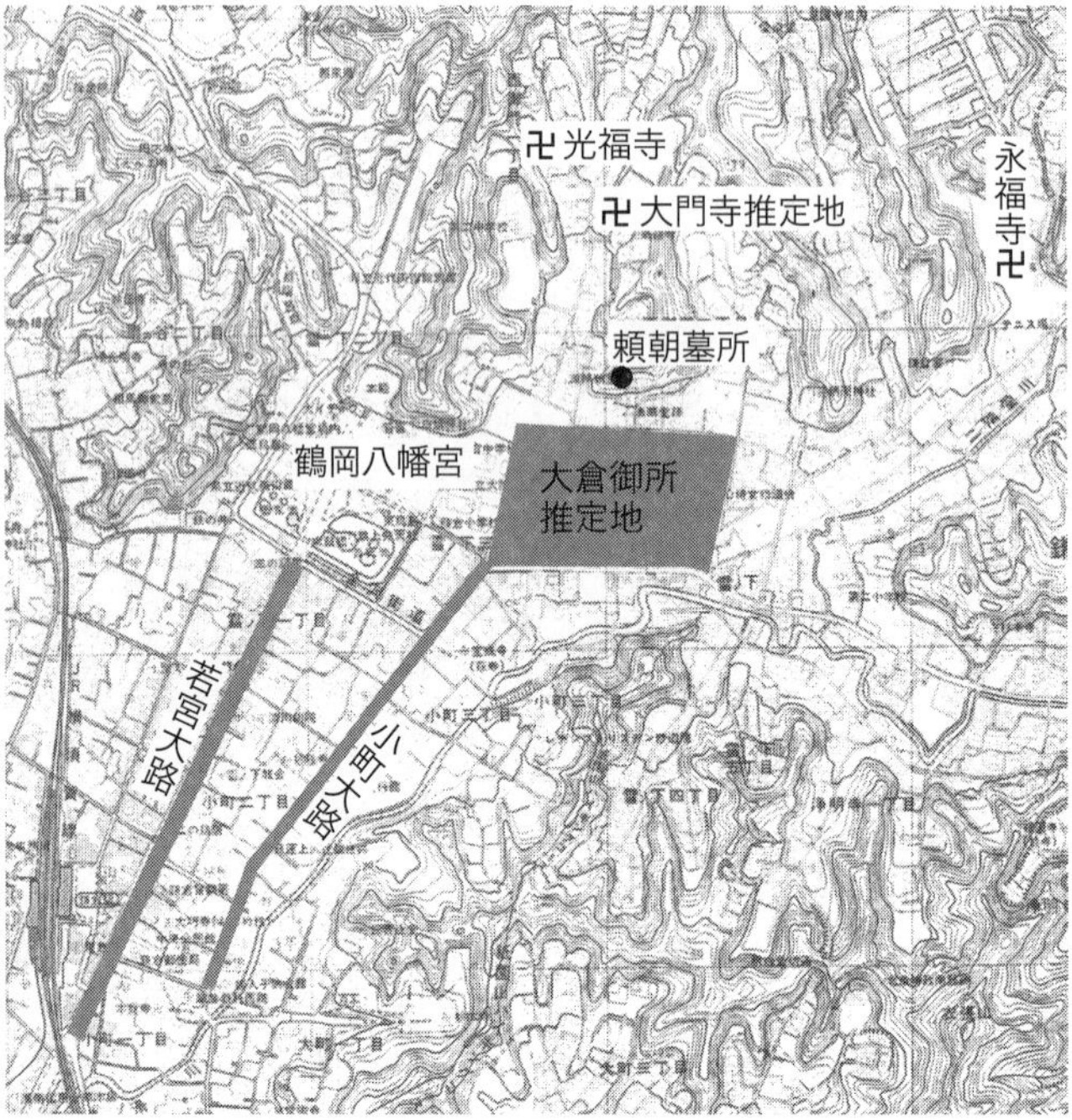

図１　大倉御所周辺図

共にした。後継将軍九条頼経《よりつね》の御所は、元の大倉御所の場所に再建するか、若宮大路方面に移転するかで議論があったが、最終的には若宮大路方面と決定した。嘉禄《かろく》元年(一二二五)十二月、若宮大路近くに新築された宇都宮辻子御所に、将軍頼経が入居したのである。

なお、将軍御所の大倉から若宮大路方面への移動という現象は、鎌倉の海岸付近一帯の繁栄・都市化によるものでもあり、丈尺制の導入なども含めた北条泰時の都市政策の象徴と考えられ、それ自体が大変重要な意味を持つものであるが［石井一九八九・一九九四、馬淵 一九九四など」、いまは詳しくは触れる余裕がない。

さて問題は、嘉禄元年に将軍御所が宇都宮辻子へと移転した後、大倉御所の跡地がどうなったか、である。新たに別の住人たちが居住するようになるのか、それとも武家政権出発の場所として、空閑地のまま保存(放置)されていくのであろうか。

大倉御所跡地のその後について、直接に語ってくれる文献史料は残念ながら存在しない。この点についてはむしろ、考古学の成果に期待が寄せられる。つまり、大倉御所推定地を発掘調査すれば、たちどころにわかるのではないかと思われるのである。しかし、これまた残念なことに、推定地の大部分が現在は私立小学校の敷地となっていることによって、ほとんど発掘調査が行なわれていないのが現状なのである。

そこで、断片的な史料から、おおよその状況を推測してみることにしたい。まず、御所周辺の状況はどうであっただろうか。文献史料を中心とする御家人《ごけにん》屋敷の所在地の研究［松山 一九七六、山村 一九九七など］によれば、大倉御所時代は大倉に屋敷が密集していたが、御所移転後は大倉に残る屋敷もあるものの、多くの屋敷が若宮大路や宇都宮辻子方面に新築されることが指摘されている。

いっぽう、御所周辺の発掘調査の成果によっても、嘉禄元年(一二二五)に近い時期にいくつかの変化が認められる。

たとえば、御所推定地の二五〇メートルほど東方にあたる「向荏柄《むかいえがら》遺跡」(鎌倉市二階堂字向荏柄八八〇番及び八七四番)では、十二世紀末から十三世紀初頭にかけての御家人の屋敷と推定される遺

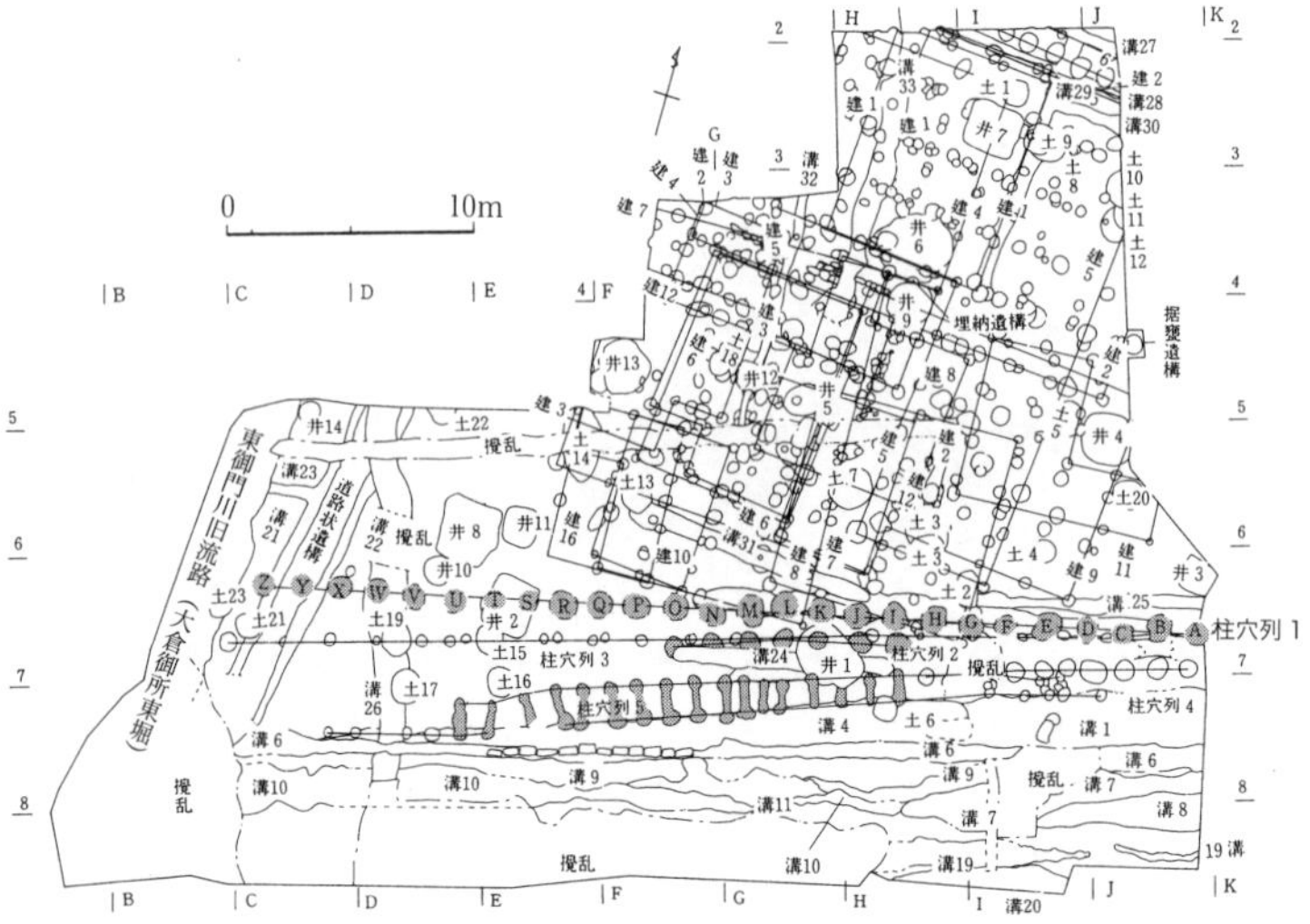

図２　大倉幕府周辺遺跡群の柱穴列

構が確認されるが、十三世紀前半には堀が埋められて居住区が細分され、住人がより下級の階層に移行したと想像されている［向荏柄遺跡発掘調査団 一九八五］。居住者層の変化が、厳密に十三世紀前半のいつごろ起きたかを特定することは困難であるが、御所移転に伴うものである可能性は十分考えられよう。

また、御所推定地の東南角に隣接する「大倉幕府周辺遺跡群」（鎌倉市二階堂字荏柄三八番一）では、十二世紀第４四半期と推定される柱穴列が発掘されている（図２参照）。柱穴列は、二階堂大路に平行して東西に走り、調査区内だけでも二五間の柱間があり、穴の直径は一メートルを超えるという。そして、十三世紀に入ると姿を消している［鎌倉市教委 一九九三］。この柱が構成する構造物については、岡陽一郎氏が「築地塀よりも巨木を柱とした板塀、あるいは大型柵列の存在が想定できる」としている〔岡 一九九九〕。岡氏は、同様の柱穴列が御所南の地点（鎌倉市雪ノ下四丁目六二〇番五）においても検出され、年代も十三世紀前半を出ないものであることから、大倉御所を囲んで、巨木を利用した板塀もしくは柵列を巡らした公的施設や有力御家人の宿館《しゅくかん》が続いたものとしている。こうした光景は、御所の移転によって明らかに変化を見せたであろう。(2)

さらに、右に触れた「大倉幕府周辺遺跡群」（鎌倉市雪ノ下四丁目六二〇番五）の報告書において、興味深い指摘がなされている。すなわち、遺跡の発掘状況は「鎌倉時代前期までが圧倒的に多く、同中期以降急激に遺跡密度が薄くなる」という現象が確認され、「これはどうやら、付近で通有に見られる現象である」らしく、嘉禄元年の幕府の若宮大路近辺への移転、あるいは宝治《ほうじ》合戦（一二四七年）を契機に、「以後何らかの空白化政策がとられた可能性」もある、というものである〔鎌倉市教委 一九九八〕。

御所の移転に伴い周辺の御家人屋敷が移動した後を、意図的に空き地として維持する政策（空白化政策）が存在したとすれば、やはり武家政権発祥の場所として、「場所の記憶」を尊重させたものと考えられよう。そうであるとすれば、御所本体の跡地も当然空閑地のまま保存されたと考えるべきであるが、どうも話はそれほど簡単ではないのである。

近年、大倉御所跡地を占める私立小学校の北東の一画で小規模な発掘調査が行なわれ、地下一メートルほどのところで礎板《そばん》を入れた柱穴が東西の道路と平行して検出されたという。この調査を紹介した河野眞知郎氏は、次のように考察を加えている〔河野 一九九五：四三頁〕。

これら柱穴の年代は、出土遺物からは鎌倉時代後期と推定され、頼朝の御所よりもずっと新しいものである。『吾妻鏡』には嘉禎元年(一二三五)の火災記事に「法華堂湯屋中間の民屋数十宇が焼けた」とあり、御所移転後のこの地は、御家人らの「屋地」として分割して給付され、さらに細分化されていたらしい。発掘でみつかった柱穴も、そうした「民屋」のものであろう。

河野氏が引用している『吾妻鏡』の記事を、もう少し詳しく見てみよう。該当の記事は、嘉禎元年九月一日条にある。原文を次に掲げよう。

子刻、右大将家法花堂前の湯屋失火す。風頻りに吹き、法花堂頗るこの災を免れ難きのところ、諏方兵衛尉盛重一人最前に馳せ向かい、中間の民屋数十宇を壊たしむるの間、火止みおわんぬ。

右大将家法華堂とは源頼朝墓所のことであり、大倉御所背後の山に造営されたものである。法華堂前の湯屋から出火したため、諏訪盛重《もりしげ》が湯屋と法華堂の中間の民家数十軒を破壊させて、法華堂への延焼をくい止めた、という記事である。法華堂の前、すなわち御所跡地に、湯屋や多くの民家が密集していた様子がうかがわれる。発掘された御所旧跡の柱穴も、御所移転後のものであることから、そうした民屋の柱の痕跡と推定されるのである。

法華堂跡石碑（現白旗神社）

なお、右の記事からは、御所跡地に御家人が居住したかどうかは、ただちにはわからない。しかし、もう少し時代の下った『吾妻鏡』宝治元年(一二四七)正月十三日条には、次のような記述がある。

　右大将家法華堂前人家十宇失火す。陸奥掃部助亭(金沢実時)、その中に在り。

この記事によって、金沢実時《さねとき》の屋敷が大倉御所の跡地にあったことがすでに指摘されている〔貫 一九七二〕。御家人、それも北条氏一族の屋敷があったわけで、おそらくこれも、御所移転後に新造されたものであろう。

もう一つ、法華堂前の御家人屋敷に関する史料として注目されるのが、『小山文書』の年月日未詳小山氏所領注文案(『神奈川県史　資料編三』四〇五五号)である。同注文案には、

　一　鎌倉屋敷　法花堂前・車小路両所

という記載がある。かつては、この文書が大倉御所時代の小山朝政《おやまともまさ》の所領注文案と理解されていたため(『栃木県史　史料編一』など)、幕府開設当初から小山氏の屋敷が大倉の法華堂前にあり、御所移転に伴い車小路にも屋敷が設けられた、と見る研究もある〔松尾 一九九三〕。

しかしながら、この文書は、『小山文書』に収められる観応《かんのう》元年(一三五〇)八月二十日藤原秀親《ひでちか》譲状(『神奈川県史　資料編三』四〇四四号)と、寛喜《かんぎ》二年(一二三〇)二月二十日小山朝政譲状案(『鎌倉遺文』六巻三九六〇号)の二通を、観応元年以後に合成して作られたことが明らかになっている。しかも、藤原秀親譲状には、

　鎌倉屋地二所 法花堂前、車小路

の記載があるものの、秀親は小山氏ではなく阿曽沼《あそぬま》氏と見られ、観応元年以降に小山氏が阿曽沼氏所領を併呑《へいどん》してしまったことによって、秀親譲状が『小山文書』に残されたと推定されるのである〔和久井 一九七二、稲垣 一九八四、新川 一九九四〕。

したがって、観応元年段階に阿曽沼氏の屋敷が法華堂前にあったことだけが確実な事実であり、むしろ大倉御所廃絶後にはじめて阿曽沼氏の屋敷が御所跡地の一角に設けられたと考えるべきであろう。

次に掲げる史料は、尊経閣《そんけいかく》文庫所蔵金沢文庫本『新猿楽記』の奥書(『神奈川県史　資料編二』九〇一号)で、史料中に見える建物がどのような性格のものかは判然としないが、やはり法華堂下に何らかの住居が存在したことを示すものである。

仁治四年癸卯正月六日、この所功已におわんぬ。虎熊丸。

書写せしむる所は、法花堂の下、板屋の下、筆書おわんぬ。

御所移転後の仁治《にんじ》四年(一二四三)に、御所の跡地に「板屋」があったことを知ることができる。「板屋」という表現からは、武士の屋敷というよりは庶民の住居が想像されるが、具体的にどのような建造物であったかは不明とするほかない。

以上の事例より、大倉御所の跡地は、少なくともその敷地の一部は御家人屋敷や庶民の家屋として分割利用されたと思われ、敷地全体が空閑地のまま保存されたとは言いがたい。

(2) 武家と場所の記憶

大倉幕府の跡地が聖域として保存されずに一部が転用されていたということは、幕府が「場所の記憶」を尊重しようしなかったということなのであろうか。「はじめに」で触れたように、六波羅の武士が大内裏旧跡である「内野」を馬場として使用したことなども考えあわせると、そもそも武家には都市内における場所の記憶を尊重しようとする心性がなかったのではないか、また「武家の都市」である鎌倉では住人一般にそうした意識が希薄だったのではないか、という疑問も生じてくる。しかし、必ずしもそうではないことを以下のいくつかの事例によって明らかにしてみたい。

まず取り上げたいのは、大倉御所裏山に位置した頼朝の法華堂の事例である。これまでも何度か言及したように法華堂は頼朝の墳墓堂であり、幕府草創の記憶につながる場所であった。松尾剛次氏は、そうした法華堂の性格を、「鎌倉武士たちの、精神的な紐帯の場」であり、「鎌倉武士団にとっての『東照宮』的存在」であった、と表現している〔松尾 一九九七:二五頁〕。

宝治元年(一二四七)六月の北条・安達《あだち》氏らによる三浦氏討伐事件(宝治合戦)の際には、最終的に三浦一族は法華堂にたてこもり自決して果てたのであった。三浦氏は、御所移転後も大倉御所に隣接する「西御門」の地に、屋敷を残していたのであり、源頼朝以来の由緒がある大倉から逃れるように御所移転を推進した北条氏とは対照的に、源氏将軍の記憶につながろうとする心性を持っていたのではなかろうか。

そもそも、現在まで残されている「西御門」、「東御門」、「南御門」という地名こそが、大倉御所の西、東、南の門に因むものであり、場所の記憶を明瞭に刻み込んだものといえる。

時代はだいぶ下ることになるが、天文《てんぶん》十四年(一五四五)に鎌倉の大倉付近を訪れた連歌師の宗牧《そうぼく》は、その紀行文『東国紀行』に次のように記している。

右大将家(源頼朝)の御跡、山がつもこゝろあるにや、はたに(畠)もなさず、芝しげらせ、はなち飼駒所えがほなり、

「山がつ」という表現には驚かされるが、それはともかく、御所跡地を畠ではなく、芝を生い茂らせて武士にも関連が深い馬の放牧場のようにしてあることに、宗牧は感心している。鎌倉時代からそのような光景が見られたかどうかはわからないが、少なくとも鎌倉の住人たちの間には大倉御所の「場所の記憶」が伝承されていたことは確かである。

右の事例に関連して想起されるのが、関東公方《くぼう》足利氏の御所の事例である。関東公方の御所は、鎌倉時代からの足利氏の屋敷を引き継ぐもので、浄妙寺《じょうみょうじ》の東に構えられていた[田辺 一九九〇など]。この御所は、康正《こうしょう》元年(一四五五)に足利成氏《しげうじ》が下総古河《こが》に移った後は荒廃したものと思われるが、江戸時代初期成立の『新編鎌倉志』巻之二の「公方屋敷」の項には、次のような記述がある。

いづれの時か、古河の公方御帰あらんとて、畠にもせず、今に芝野にしてをけりと、里老語れり、

古河の公方が鎌倉に復帰することを想定して、御所跡地を畠にせず「芝野」としておいた、という伝承があったのである。

浄妙寺山門

前節で見たように、明らかに大倉御所跡地が御家人屋敷や民家に転じた例がある以上、跡地全体が実際に芝地として保存されたとは考えられない。それにもかかわらず、『東国紀行』と『新編鎌倉志』に共通して、御所跡地を畠にせず芝地として保存するというエピソードが見られることから、御所の記憶は保存されるべきだとする意識が都市鎌倉に息づいていたとはみなされよう。

なお、関東公方の御所は、同時代の記録『大乗院日記目録』永《えい》享《きょう》十一年(一四三九)二月十五日条において、「大蔵谷御所」と称されている。

大蔵(大倉)という地名は、「大倉幕府跡を中心として東は十二所、西は鶴岡八幡宮、南は滑川、北は瑞泉寺・覚園寺辺りを含めた広範囲に及ぶ地域の総称」(『日本歴史地名大系　神奈川県の地名』「大倉」の項)で、浄妙寺に隣接する御所も大倉の範囲に含まれる。したがって、「大蔵谷御所」という名称もとりわけ不自然なものではないが、足利義詮《よしあきら》が直義《ただよし》を祀るために京都天竜寺の傍に「大倉二位明神」を建立したことなどから[3]、足利氏の「大倉」地名へのこだわりが感じられ、頼朝御所の所在地ということと無関係とは思えないのである。

また、足利尊氏《たかうじ》は、建武《けんむ》二年(一三三五)に北条時行《ときゆき》の反乱(中先代《なかせんだい》の乱)を鎮圧して鎌倉に入った後、後醍醐天皇の帰京命令を無視し、浄妙寺東の屋敷とは別に若宮大路に屋敷を新設している。こ

若宮大路御所跡

の屋敷造営について『梅松論《ばいしょうろん》』（『大日本史料　第六編之二』六五二頁）が記すところを見てみよう。

　御上洛をとゝめられて、若宮小路の代々将軍家の旧跡に、御所を造られしかは、(高)師直以下の諸大名、屋形軒をならへける程に、鎌倉の体を誠に目出度そ覚へし。

　尊氏は、鎌倉幕府の若宮大路御所の跡地に屋敷を新造し、高師直《こうのもろなお》以下の家臣たちもその周囲に宿所を構えたのであり、まさに将軍御所の「場所の記憶」を武士たちが尊重した結果と考えられる。これに関連して、松尾剛次氏は、「尊氏は、若宮大路御所跡に居を構えることによって、後醍醐天皇に対決して、新幕府形成の意思を誇示した」と指摘している〔松尾　一九九七：一〇七頁〕。御所の場所の記憶が、政治的メッセージに利用された事例ということができよう。

　さて、目を京都に転じてみよう。鎌倉時代の京都においては、六波羅探題府が幕府の出先機関として設置されていた。元弘《げんこう》三年に足利尊氏の攻撃を受け探題府は滅亡する。代わって尊氏が一時的に陣を構えたとも推測されるが、その後しばらく、少なくとも建武三年（一三三六）ころまでは、探題府の跡地はそのまま放置されていた〔高橋　一九九六：九〇頁〕。これもまた、しばしば探題府の「場所の記憶」をとどめようとする心性が働いた結果ではあるまいか。

　引き続き尊氏は幕府を京都に置いたのであるが、室町幕府の将軍御所に関しては、山田邦和氏が注目した、十二代足利義植《よしたね》の三条坊門殿《さんじょうぼうもんどの》造営についての史料がとりわけ興味深い〔山田 一九九八〕。すなわち、『不問物語』には、次のように記されている(『大日本史料　第九編之五』九〇八頁)。

彼御屋敷ハ、御先祖代々御座所之御跡ナレハ、一向ニ其御アタリニハ在家等一宇モナカリケレ共、令復旧規、御先祖之御跡ヲ恋慕シマシマシケルコソ目出度ケレ。

三条坊門殿はかつて義詮、義持《よしもち》などが御所を構えた場所であるが、長らく空閑地となっており、当時の市街地中心部である「惣構」の外側になっていた。『不問物語』の記述によると、将軍の「御座所の御跡」であったからこそ、その辺りには在家などは一宇も建つことはなかった、というのである。山田氏が指摘しているように、この場所は、久しぶりに御所が造営されたことによって上京から町人が移住し市街地化しており、状況によっては惣構の外側の空閑地であっても急激に再開発されたのである。

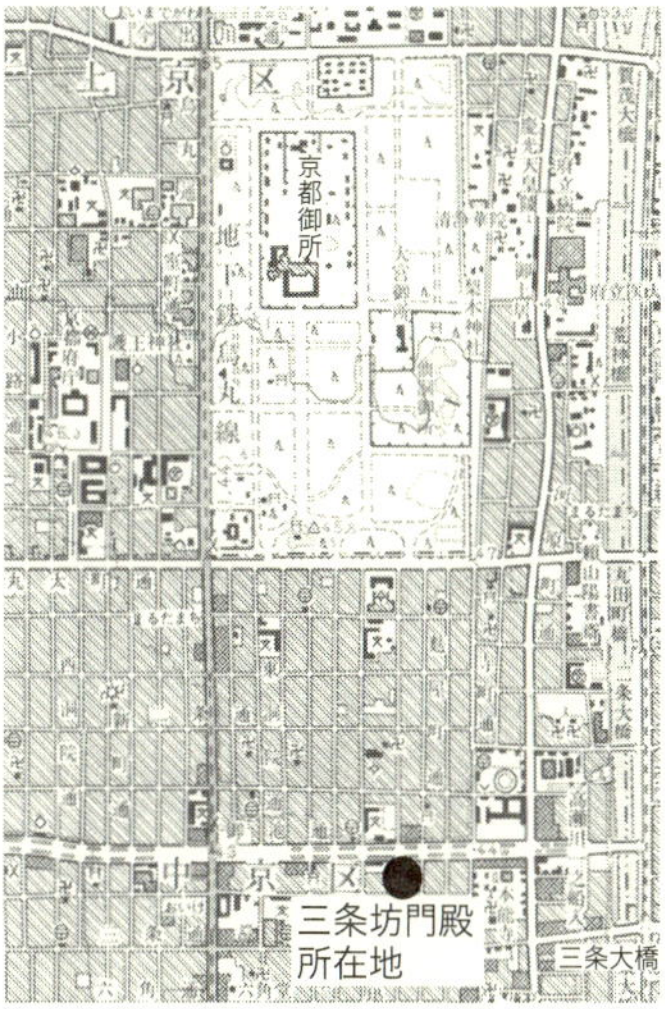

図3　三条坊門殿の位置

別の見方をすれば、三条坊門殿の跡地は将軍御所の場所の記憶によって長らく空閑地として保存され、そうした場所の記憶を尊重して義植は、惣構外の空閑地であってもこの場所を御所として選択したのだと思われる。

以上見てきたように、中世の武家や鎌倉の住人たちにとっても、「場所の記憶」という心性は決して無縁のものではなかったと思われる。したがって、鎌倉の大倉御所に関しても、場所の記憶を保存しようとする何らかの動きがあったのではないかと想定される。「西御門」、「東御門」などの地名のほかに、大倉御所の記憶をとどめようとした営みの痕跡を確かめてみることにしたい。

2　大門寺と定清

(1)　大門寺の創立

大倉御所の場所の記憶という観点から、以下に取り上げてみたいと思うのが、「大門寺《だいもんじ》」という寺院である。大門寺は現在は廃寺となっているが、かつては大倉に存在した真言系の寺院で、永享三年(一四三一)ころまでは関連史料が確認されている[貫・川副 一九八〇]。なぜ、ここで大門寺に着目するのか。それは、大倉に存在したということと、「大門」という門にちなむ名称を持つことが、大倉御所との関連を想像させるからである。

「西御門」などの地名に端的に表われているように、門は御所の存在を象徴するものであった。鎌倉幕府の御所における殿舎構成を詳細に考察した藤田盟児氏の研究によれば、大倉御所には東西南北に門が存在し、とりわけ南門は正式な門として種々の儀式が行なわれ、「惣門」の異称もあったようである［藤田 一九九九］。

関東公方の浄妙寺東の御所においても、東西南北に門が見られ、南側には「大御門幷小門」があったという［田辺 一九九〇：一五三頁］。

こうしたことから、大門寺の「大門」も、あるいは大倉御所の門にちなむものではなかろうかと思われるのである。まずは、大門寺がどのような寺院であったか、探っていくことから始めよう。

大門寺が、鎌倉における真言密教(東密)発展の重要な拠点であったことは、すでに諸先学によって言及されている［櫛田 一九六四、納富 一九八七、湯山 一九九五、福島 一九九八など］。しかし、その創立の事情は必ずしも明らかにはなっていない。

大門寺に関する初見史料と思われるのは、『血脈類集記 第十』のうち「実賢灌頂弟子」の項で、仁治三年(一二四二)五月二十一日に「大門寺灌頂堂」において、定清《じょうせい》が京都醍醐寺から下向していた実賢《じっけん》から灌頂を受けている。ほぼ同時期のものが、次に掲げる『金沢文庫所蔵聖教』のうち「三宝院伝法灌頂私記」の奥書(『神奈川県史 資料編一』三六一号)である。

校本云、仁治三年七月十六日、以醍醐僧正(実賢)御房御本書写了。又云、同年五月十一日、於鎌倉阿弥陀堂房、遂灌頂了。生年五十八。権少僧都定清。

仁治三年七月に定清が実賢の本を借用して書写したことが記され、続いて、同年五月に定清が灌頂を受けたとある。直前の記述より、実賢からの灌頂と推測され、日付に若干の異動はあるが、『血脈類集記』の記述と同一の事柄と理解していいだろう。したがって、大門寺が「鎌倉阿弥陀堂」とも称されていたことがわかるのである。

同じく『金沢文庫所蔵聖教』の題末詳聖教奥書（『神奈川県史　資料編一』二四二号）も、これに次ぐ時期の史料である。

　写本云、建久九年臘月四日写之。求法沙門実賢云々。
　鎌倉大倉之阿弥陀堂。
　仁治三年八月一日、賜酉酉（実賢）僧正御房御本書写了。権少僧都定清。
　文応二年辛酉二月三日、於鎌倉若宮雪下房、以大門寺即阿弥陀堂御本書写了。
　但去正月十二日、以御本於大門寺奉伝授了。

やはり、仁治三年に定清が「鎌倉大倉之阿弥陀堂」にて実賢から本を借用して書写したことを記している。「文応二年」以下の部分では「大門寺」の注として「即阿弥陀堂」とあることから、大門寺が「大倉之阿弥陀堂」とも称されたことが読み取れる。

この題末詳聖教奥書に関連しては、『鎌倉廃寺事典』が「建久九年（一一九八）の『大倉之阿弥陀堂』は永福寺のことかもしれない」としている［貫・川副 一九八〇］。しかしこれは、「阿弥陀堂」の記述を、前段の実賢書写の記事に結びつけてしまったため、大門寺の記述としては突出して早い時期になることから永福寺と解さざるを得なくなったもので、仁治三年の定清書写に懸けて読めば、まったく問題はない。

また実賢は、建久《けんきゅう》七年（一一九六）に醍醐寺三宝院の勝賢《しょうけん》から初めて伝法灌頂を受け、正治《しょうじ》二年

（一二〇〇）に同金剛王院の賢海《けんかい》から重ねて灌頂を受けている（『血脈類集記』など）。よって、建久九年（一一九八）当時はまだ醍醐寺にて修学中と思われ、鎌倉で聖教書写をしたとは考えにくい。実賢の鎌倉滞在を示唆する他の史料も、仁治三年から四年に限られることから、実賢の建久九年段階での関東下向はなかったと考えられる。要するに、「大倉之阿弥陀堂」の記載は、仁治三年の記事に関するものとして読むべきであろう。

以上より、大門寺は仁治三年（一二四二）以前に、阿弥陀堂を主体とする寺院として大倉の地に建立されたことがわかった。

ところで、大門寺に関する先駆的な研究である櫛田良洪氏の著書には、「佐々目には大門寺と称する大寺があった」という記述がある〔櫛田 一九六四：六五五頁〕。佐々目《ささめ》（佐々目ヶ谷）は、「長楽寺ヶ谷の北方、御成中学校の西麓の谷」を指し、長谷に隣接する場所で、大倉とはかなり隔たりがある。櫛田氏が大門寺を佐々目とする史料的根拠は不明である。あるいは、『血脈類集記　第十二』「勝円灌頂弟子」の項において、「大門寺灌頂堂」の肩に「鎌倉佐々目」と傍注があることに依拠したのかもしれない。管見の限り、大門寺を佐々目とする史料は他に見あたらず、先に見たように大門寺を大倉阿弥陀堂と称したことが明らかであるから、所在地は佐々目ではなく大倉と考えるべきであろう。

それでは、大門寺は大倉のどの辺りにあったのであろうか。実は、これに関しても明確な史料は存在しない。『鎌倉廃寺事典』は、江戸時代の地誌『新編相模国風土記稿』によって、西御門の字「大

八雲神社

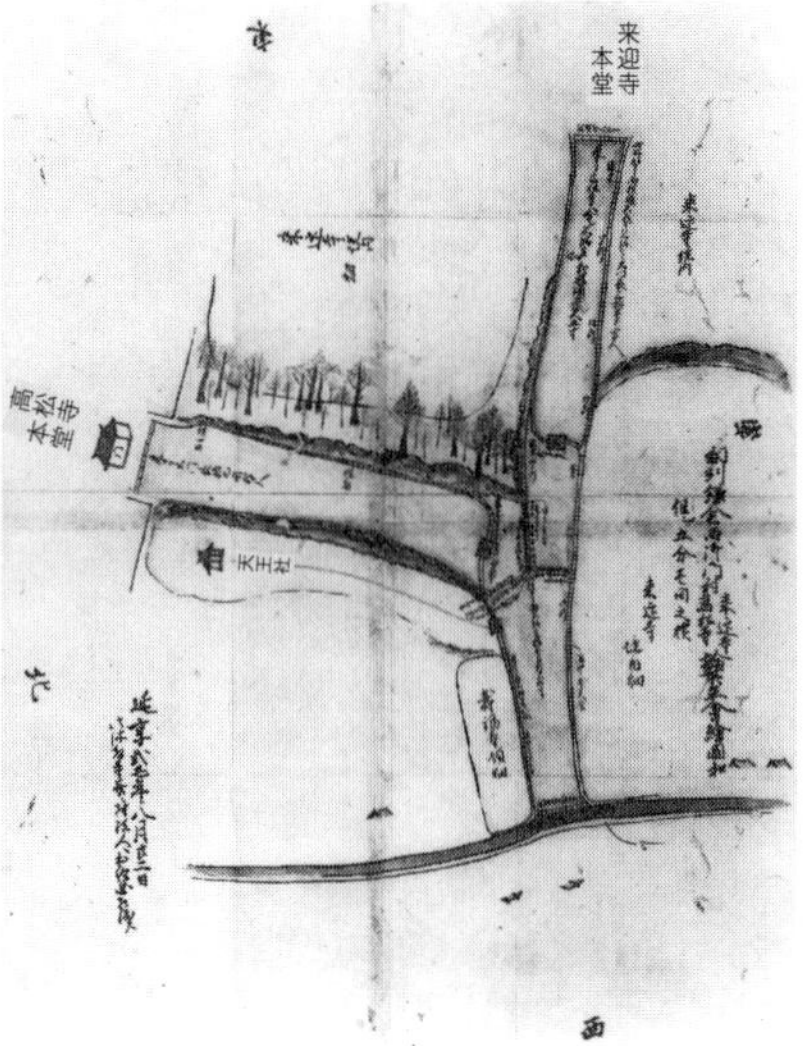

図4　来迎寺・高松寺論所立会絵図（鎌倉国宝館蔵）

門」を大門寺の跡と推測している。

すなわち、『新編相模国風土記稿　巻之九十二』（『大日本地誌大系』）の「西御門村」項に、「天王社　字大門にあり」という記事が見えるのである。

江戸時代延享《えんきょう》二年（一七四五）の絵図「来迎寺・高松寺論所立会絵図」（鎌倉国宝館蔵）［三浦　一九六九］において、西御門村来迎寺の北側、高松寺（現在廃寺）の西に隣接して描かれている「天王社」が、字大門の天王社であろう。

明治二十四年（一八九一年）の「鎌倉実測図」（鈴木棠三氏蔵、沢寿郎監修『復原鎌倉古絵図略解』東京美術所収）では同所に「八阪社《やさかしゃ》」の記載があり、昭和二年（一九二七）の鎌倉同人会発行一万分一地図「鎌倉」（人文社刊『復刻古地図　鎌倉』）には「八坂社」との記載がある。そして、現在はその場所に「八雲《やくも》神社」が存在している。おそらくは、天王社、八坂社、八雲神社とその名を変えつつ江戸時代から存続してきたものと思われ、現八雲神社所在地（西御門一丁目一二番）の周辺がかつての「字大門」ということになる。

西御門の字大門が大門寺の故地であるという確証はないのだが、仮にそうだとすると、この場所は大倉御所跡地の北側約三〇〇メートルに位置する。「大倉阿弥陀堂」の名称にふさわしく、また御所の記憶とも結びつきやすい場所といえる。とりあえず、一つの可能性として提示しておきたい。

(2) 大門寺定清の活動

大倉の大門寺は、仁治三年（一二四二）に初めて史料上に登場する。大門寺の初見史料に姿を見せたのが、定清という真言僧であったが、それ以降大門寺の史料は定清の名とともに頻繁に見られるようになる。大門寺の繁栄の基礎を築いたのが定清であることは、ほぼ間違いのないところであろう。そこで、大門寺という寺院の性格を考察するためにも、ここを拠点として活躍した定清の周辺を探ってみることにしたい。

『血脈類集記　第十一』によれば、定清は弘安《こうあん》三年（一二八〇）に九十六歳で没しているから、逆算して文治《ぶんじ》元年（一一八五）の生まれということになる。父は、鎌倉幕府の有力御家人後藤基清《ごとうもときよ》。

以下、『血脈類集記』によってその経歴を見てみよう。嘉禄三年（一二二七）三月に仁和寺《にんなじ》花蔵院《かぞういん》にて、当時上洛中の鶴岡八幡宮《つるがおかはちまんぐう》別当《べっとう》定豪《じょうごう》から、広沢流の一派忍辱山《にんにくせん》流の伝法灌頂を受ける。その後、仁治三年大門寺にて醍醐寺金剛王院の実賢より三宝院流を、寛元《かんげん》元年（一二四三）同じく大門寺にて甘縄《あまなわ》無量寿院《むりょうじゅいん》の宏教《こうきょう》より西院流を、それぞれ付法されている。由来は不明だが「加賀」と称し、権僧正《ごんそうじょう》の位まで上っている。

また、「鎌倉丈六堂寺務」とも見え、大慈寺丈六堂《じょうろくどう》の別当を務めたことがわかる。大慈寺は、源実朝が六浦道に沿った十二所の明王院付近に建立した寺院で（現在廃寺）、後に敷地内に北条政子追善のための丈六堂が建てられ、幕府からも重視された寺院である［貫・川副 一九八〇］。

定清の師匠である定豪は、鎌倉に四十年あまり居住して八幡宮別当以下要職を歴任している。関東における真言密教（東密）発展の基礎を築き、幕府の強力な後押しも得て、東寺一長者《とうじいちのちょうじゃ》に補任されるなど仏教界の頂点に君臨した人物として著名である［櫛田 一九六四、湯山 一九九五、上田 一九九五、平 一九九八］。

定豪の弟子であった定清も、早くから幕府と密接な関係を持ち、『吾妻鏡』の中に頻繁にその姿を見つけることができる。たとえば、安貞《あんてい》元年（一二二七）十一月十五日条では、天変地異を鎮める祈禱のメンバーの一人として、加賀律師定清が十一面護摩を担当している。同二十四日条では、将軍九条頼経の病気平癒のための五壇法が、師匠である弁僧正《べんそうじょう》定豪を中心として行なわれており、定清も大威徳明王法《だいいとくみょうおうほう》を分担している。そうした定清の立場を端的に示しているのが、同十二月十三日条で、将軍頼経の「護持僧」の一人として定清の名があげられている。

その他、同じ『吾妻鏡』には、幕府より命じられて祈雨など種々の祈禱を務めていることが見られ、嘉禎《かてい》元年（一二三五）二月十五日条では、将軍御所南面にて行なわれた涅槃講論議《ねはんこうろんぎ》に参加しており、事相《じそう》(実際の修行)・教相《きょうそう》(教学)ともにすぐれた僧侶として幕府に信任されていたようである。

さらに、興味深い記事として、『吾妻鏡』建長二年(一二五〇)八月七日条を掲げてみよう。

幕府北小庭石を立てられるべきの由、その沙汰有り。今日阿弥陀堂加賀法印定清、召により参入す。仰せ含めらるる所なり。

将軍九条頼嗣《よりつぐ》の御所の庭に石を立てるに際し、定清が召し出されて下問を受けている。御所の庭石の差配といった事柄にまで、定清が関与していることは、幕府(将軍)と定清の間の日常的な交流をうかがわせる。そのような人物であれば、大慈寺丈六堂の別当に任じられたことも極めて自然なことと思われる。

御家人後藤氏の出身であり、師の定豪が幕府の信任厚い人物であったこともあって、大門寺定清は幕府(将軍)と密接なつながりを持つ僧侶であったことがわかる。

再び『血脈類集記　第十一』に戻って、次は定清の付法の弟子たちについて見てみたい。定清が灌頂を授けた弟子は、彼の東国密教界における立場を反映して極めて多数であり、三宝院流の灌頂弟子として三四人、忍辱山流の灌頂弟子として二二人の名が連ねられている。付法の場所としては大門寺以外の記載がないので、特に記載のない場合でも大門寺で灌頂が行なわれたと思われる。

弟子の顔触れを見て気づくことは、定清と同じ後藤氏の出身者がいることである。文永十年(一二七三)に三宝院流の付法を受けた定演《じょうえん》は、のちに醍醐寺金剛王院の勝円《しょうえん》からも付法されているが、二度目の付法についての『血脈類集記　第十二』の記事によれば、定演は「後藤佐渡前司基継子」とされている。『系図纂要』によれば、定清と兄弟の後藤基綱《もとつな》の子に定演がおり、『血脈類集記』の「基継」は「基綱」の誤記と考えられる。

また、文永五年（一二六八）に定清から忍辱山流を受けた澄演《ちょうえん》も、「後藤佐渡前司基綱子」と記されているが、定演の文永十年付法の記事に「重受」（二度目以降の受法）とあることから、定演と同一人物の可能性が高い。

さらに、定清の直接の弟子ではないが、後藤氏出身で大門寺で活動していたと思われる僧が確認される。宝治元年（一二四七）の大門寺における印教《いんきょう》への付法をはじめ、定清の伝法灌頂の場に、弘《こう》基《き》という僧がしばしば職衆として参勤し、「佐渡」を称している。彼は、『系図纂要』に、定清と兄弟の後藤基連《もとつら》の子として見える「弘基」であろう。佐渡前司基綱の甥にあたることから、「佐渡」を称したものと思われる。定清から見ても、弘基は甥ということになる（図5参照）。

いっぽう、『醍醐寺蔵本　伝法灌頂師資相承血脈』（『醍醐寺文化財研究所紀要』一号所収）によれば、醍醐寺実賢《じっけん》の付法弟子に「公基」がおり、「佐渡守基綱甥」と記されている。この公基も弘基と同一人物と見てよいであろう。先に触れたように、定清も関東に下向した実賢から受法しているから、兄弟弟子の関係になり、そうした縁もあって弘基が大門寺を活動の拠点としたと考えられる。

『系図纂要』によると、弘基の弟に定撰《じょうせん》という僧がおり（定清の甥）、彼もまた大門寺との関連が指摘できる。たとえば、『金沢文

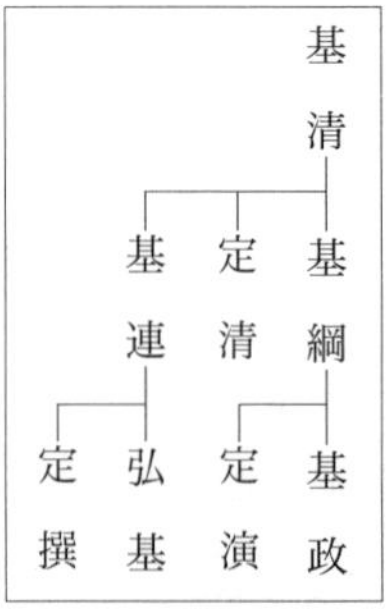

図5　後藤氏系図

庫所蔵聖教』の題未詳聖教奥書（『神奈川県史　資料編一』三五七号）に、「本奥書云、仁治三年十一月二十四日、於大門寺授申定清僧都幷定撰阿闍梨了、僧正実賢」とあり、実賢の鎌倉下向の際に、大門寺において定清と定撰が並んで聖教を授けられていることがわかる。『血脈類集記』では、定清の伝法灌頂の場で職衆を務める定撰の姿が見られ、『醍醐寺蔵本　伝法灌頂師資相承血脈』によれば、彼は弘基・定清と同じく実賢から付法されている。

大門寺定清の周囲には、後藤氏出身者の他にも、幕府や御家人と関係の深い者を見出せる。文永六年（一二六九）に定清から付法された蓮阿《れんあ》とは、足利家氏《いえうじ》のことである。また、正嘉《しょうか》二年（一二五八）に定清の付法を受けた公意《こうい》（のち深快《しんかい》と改名）は、阿野実遠《あのさねとお》の子であるが、実遠は関東に下向した公家の一流で、将軍頼嗣および宗尊《むねたか》親王に仕えていた〔湯山 一九八八〕。

以上より、定清が活躍した頃の大倉大門寺は、定清の出身である後藤氏をはじめとする幕府関係者、しかもどちらかといえば北条氏とは距離を置き、将軍家により近い勢力と関係が深い寺院であったと考えられる。

(3) 大門寺と後藤氏

大倉大門寺は、御家人後藤氏と関係の深い寺院であると思われるが、逆に後藤氏の側からは大倉という場所はどのような意味を持っていたのであろうか。

そもそも御家人後藤氏は、定清の父基清を祖とする有力御家人で、官僚的側面が強いとされる〔細

川 二〇〇〇]。基清は頼朝以来の御家人であったが、承久の乱で京方に属して斬罪に処せられている。しかし、子息基綱（定清兄）は鎌倉方にあったため乱後もその地位を保ち、評定衆にも任命されている。『吾妻鏡』によると、後藤基綱の屋敷は、少なくとも大倉御所移転後の寛喜元年（一二二九）から寛元元年（一二四三）ころまでは、大倉の西御門に存在していた[鎌倉市史 一九五九、山村 一九九七]。おそらく嘉禄元年（一二二五）の御所移転以前も、同一の場所にあったのではないかと想像される。大門寺が史料上に登場するのが仁治三年（一二四二）であるから、基綱の屋敷と大門寺が、ともに大倉西御門に存在した時期が確実にあったということになる。

後藤氏にとって大倉は、代々仕えてきた源家将軍の御所があった場所であり、みずからも屋敷を構えた場所だったのである。そのような場所に、大門寺があり、同族の僧が拠点としていたとなれば、両者の関係が密であるのは当然のことであろう。

次に掲げる『吾妻鏡』貞永《じょうえい》元年（一二三二）十二月二十七日条は、後藤氏と大倉に関する重要な史料である。

後藤大夫判官基綱大倉堂供養。導師は弁僧正定豪。故右府（源実朝）将軍追善のおんため、建立の功を成すと云々。

この時、後藤基綱が将軍実朝追善のために大倉に仏堂を建立しているのである。大倉のうち、どの場所に堂が建立されたかは不明である。ここで参考になるのが、北条氏邸宅と持仏堂の関係を考察した秋山哲雄氏の研究であり、それによると、泰時の頃までは持仏堂は邸宅の裏に置かれ、両者は近接していたという〔秋山 一九九七〕。有力御家人安達氏が、氏寺的寺院である無量寿院を甘縄の本邸近くに建立したことなども考えあわせると〔高橋 一九九六b〕、基綱の「大倉堂」も西御門の屋敷近くに造られた可能性が高いのではなかろうか。

基綱の堂に関してさらに注目される点は、導師を定豪が務めていることである。言うまでもなく、定清の師匠である。

後藤氏と関係が深く、大倉の西御門に存在し、定清の師匠が供養導師を務めている、となると、基綱の大倉堂が実は大門寺なのではなかろうか。大門寺を後藤基綱が建立し、弟の定清を別当に据え、師の定豪を名目的な開山に迎えたと考えれば、じゅうぶん辻褄は合うであろう。大門寺が貞永元年(一二三二)創立とすれば、史料上の初見が仁治三年(一二四二)であることもまったく矛盾しない。状況証拠のみに基づく考察となったが、後藤基綱の大倉堂が大門寺であると考えることができよう。

なお、後藤基綱が実朝追善のために仏堂を建立した事情について、若干補足しておきたい。

後藤基綱の政治的立場を見てみると、もともと将軍実朝の側近であり、引き続いて将軍頼経の側近でもあった。そして、前将軍頼経を担いで起こされた寛元四年(一二四六)の名越光時《なごえみつとき》の乱(いわゆる宮騒動)に連座して、評定衆の座を追われ失脚している〔細川 二〇〇〇、青山 一九八三、中川 一九八六ab〕。

次の宗尊親王将軍期には引付衆《ひきつけ》として復活し、「宿老《しゅくろう》」として遇されていたが、それはもはや名目的なものに過ぎず、実際には北条氏の下風に立たされることになっていたと思われる〔高橋二〇〇二〕。それでも、娘二人が宗尊親王の女房となっており、将軍家とのつながりは維持されていた。すなわち、基綱はほぼ一貫して将軍権力に近く、どちらかといえば反北条氏的立場にあった。加えて、基綱は関東の有力な歌人の一人であり、将軍頼経を囲む歌壇の中心人物で、勅撰《ちょくせん》歌人でもあった〔外村 一九八六、中川 一九八六、田渕 一九九五〕。よって、関東を代表する歌人でもあった源実朝に対してはおおいに敬意を払っていたに違いない。ちなみに、基綱の子基政《もとまさ》も著名な歌人であり、将軍宗尊親王の命により基政が編んだ『東撰和歌六帖』には、基綱・基政親子のほかに、かの定清や、定清弟子の能海《のうかい》、定撰など大倉大門寺に関連する人々が入集している（『新編国歌大観　第六巻　私撰集編Ⅱ』所収の『東撰和歌六帖』及び『東撰和歌六帖抜粋本』による）。

こうしたことから、基綱の実朝に対する追慕の情は強いものがあったと思われ、追善のための仏堂を建立することになったのであろう。

おわりに

御家人後藤基綱は、貞永元年（一二三二）に源実朝追善のために、大倉に堂を建立した。実朝とゆかりの深い大倉御所が廃絶してから、七年が経過していた。この仏堂は、基綱弟の定清が拠点として活躍し、大倉阿弥陀堂と称された大門寺のことであると思われる。大倉御所の跡地に近く、将軍実朝を偲ぶ寺であることから、大倉御所を象徴する「門」にちなんで「大門寺」と命名されたと考えられよう。

都市鎌倉の中にあって、大倉御所の跡地の一部は、御家人屋敷や庶民の住居に転用される運命にあった。しかし、その一方で、「西御門」などの地名が残されているように、大倉御所の「場所の記憶」を尊重する動きがあったことも確かである。「大門寺」という寺院は、将軍権力との関係が深かった後藤氏が、実朝の記憶を保存すると同時に、大倉御所の記憶をも都市の中に刻み込もうとした装置であったのではなかろうか。なお、大倉の西御門には、ほかにも将軍御所にちなむと思われる伝承を持った寺院があった。かつて来迎寺の西北に江戸時代まで存在した光福寺には、公方の子息の遺体をおさめた本尊があったといい、おそらくは将軍御所との関連から発生した伝承と思われる［高橋 二〇〇五］。

大門寺を建立したと考えられる後藤基綱は、御所造営奉行に任じられたり、将軍の代官として都市鎌倉の土地支配を分掌する地奉行を務めたりもした人物である［中川 一九八六、五味 一九八九・二〇〇〇］。子の基政もまた、地奉行であった。そうした立場にあったればこそ、場所の記憶、御所の記憶というものを敏感に感じていたとも考えられる。

推測に推測を重ねる結果となったが、中世の鎌倉においても、将軍御所という政権の拠点について、「場所の記憶」を残そうとする営みが存在したことを、本章の結論としたい。

註

（1）都市における個々の「場所」への注目という視点に関しては、槇文彦［一九九七］、鈴木博之［一九九八・一九九九ａｂ］などから示唆を受けた。鈴木氏は一連の著作のなかで、都市を「土地の歴史」として読み解き、「土地から引き出される霊感とか、土地に結びついた連想性、あるいは土地がもつ可能性」を「地霊（ゲニウス・ロキ）」と命名している。いっぽう、槇氏の著作においては、日本の都市空間の特徴が「場所性」の存在という文脈で語られている。こうした「地霊」、「土地の記憶」、もしくは「場所性」に類する用語として、本章では「場所の記憶」という表現を使用している。

（2）ただし岡氏自身は、大型柱穴列の消滅を、大型掘立柱建物や溝・堀状遺構の消滅とからめて鎌倉全体における十三世紀前半の変化ととらえ、その背景に、丈尺制の導入に象徴される「東国的な都市を否定する」北条泰時の政策を指摘する。その場合でも、大倉周辺の景観の変化が、御所移転の影響を直接うけたことは確かである。そもそも、御所の移転自体が泰時の政策の一環と言えるのであるから、結論的には同じことになろう。

（3）『愚管記』貞治元年七月二十二日条、『鎌倉大日記』貞治二年七月二日条（『大日本史料　第六編之二十四』三四四頁）。大倉二位明神の「大倉」が鎌倉の「大蔵谷」にちなむことは、『臥雲日軒録抜尤』（『大日本古記録』）享徳元年二月二十三日条より明らかである。

あとがき

もともと鎌倉時代の政治史から中世史研究をはじめた私であるが、程なく都市の研究に大きく舵を切ることとなった。あるいは「中世都市の力」に引きずり込まれた(?)のかもしれないが、神奈川県の小田原という城下町に生まれ育ち、鎌倉に隣接する藤沢の県立高校で学んだことから、歴史のある都市に対しての漠然とした興味関心は、早くから持っていたような気がする。

都市を研究対象とするようになって、専門とする日本中世史のほかにも、古代史・近世史は言うまでもなく、考古学、建築史学、地理学そして西洋史学と、さまざまな学問分野の方々との交流が生まれ、それぞれの分野の研究成果に学ばせてもらうことができ、飛躍的に視野が広がった(まあ、飲み会の回数も飛躍的に増加したような気がするが、気にしないことにしておこう)。研究者としては、大変ありがたいことである。日頃よりお世話になっている各分野の方々に、本書を通じて、たとえわずかでも学問的な御恩返しができればうれしいと思っている。

以前、『中世の都市と武士』(吉川弘文館、一九九六年)という研究書を著した際に、「あとがき」の中で「今後は、仏教史や寺院史の分野をも視野に入れつつ、中世都市の研究を続けていきたい」と述べた。ところが、この文章を目にした職場の大先輩の某氏から、「そのような方向で研究を進めるのは、あまり生産的ではない」というアドバイスをいただいた。詳しくは言われなかったが、中世社会において都市に寺社が存在することはある意味で当然なので、そこを追求しても常識的な結論しか出てこないであろう、ということであったのではないかと推測する。

それにもかかわらず、物わかりの悪い私は寺社の存在が気になってしかたがなく、むしろ寺社のほうに視点を据えて、そこから中世都市とは何かを考えるということで活路を見出したのである。本書のII部の各章は、そうした視点からの研究の成果である。

最後になったが、中世都市研究の成果を一書にまとめたいと考えていた私に、高志書院選書の一冊として刊行する機会を与えてくださった高志書院の濱久年氏に感謝の意を表したい。

二〇〇九年十二月

高橋 慎一朗

参考文献

Ⅰ部1章

網野善彦　一九九八年『東と西の語る日本の歴史』講談社
石井　進　一九八三年「都市鎌倉」網野善彦ほか『中世の罪と罰』東京大学出版会
川嶋将生　一九七六年『記録都市生活史3　町衆のまち　京』柳原書店
五味文彦　二〇〇二年『梁塵秘抄のうたと絵』文芸春秋
笹本正治　二〇〇二年『日本の中世3　異郷を結ぶ商人と職人』中央公論新社
高橋慎一朗　一九九六年a「洛中と六波羅」『中世の都市と武士』吉川弘文館
　一九九六年b「中世前期の京都住人と武士」『中世の都市と武士』吉川弘文館
　二〇〇八年「鎌倉と災害」五味文彦・小野正敏編『開発と災害　中世都市研究14』新人物往来社
原田信男　一九九三年『歴史のなかの米と肉―食物と天皇・差別』平凡社
藤田弘夫・吉原直樹編　一九九九年『都市社会学』有斐閣
松山　宏　一九七六年『記録都市生活史2　武者の府　鎌倉』柳原書店
村井康彦　一九九四年「みやこの記録者　作者不詳『二条河原落首』」同編『京の歴史と文化3　乱　伸びゆく町衆』講談社
吉田伸之　一九九八年「近世前期の町と町人」『近世都市社会の身分構造』東京大学出版会

Ⅰ部2章

網野善彦　一九九六年「中世都市論」『日本中世都市の世界』筑摩書房
馬田綾子　一九九〇年「中世都市の民衆世界」高橋康夫・吉田伸之編『日本都市史入門　Ⅲ人』東京大学出版会

一九九八年「東寺百合文書と民衆史研究」京都府立総合資料館編『東寺百合文書にみる日本の中世』京都新聞社
大村拓生　二〇〇六年a「文書保証システムの展開」『中世京都首都論』吉川弘文館
二〇〇六年b「居住形態と住民結合」『中世京都首都論』吉川弘文館
海津一朗　一九九五年『神風と悪党の世紀　南北朝時代を読み直す』講談社現代新書
黒田紘一郎　一九九六年「中世京都の警察制度」『中世都市京都の研究』校倉書房(初出一九七一年)
北村優季　一九九五年「平安京都城論」『平安京—その歴史と構造—』吉川弘文館
五島邦治　二〇〇四年「『町人』の成立」『京都　町共同体成立史の研究』岩田書院
五味文彦　一九七三年「使庁の構成と幕府—12～14世紀の洛中支配」『歴史学研究』三九二号
佐藤進一　一九九七年『新版　古文書学入門』法政大学出版局
田村憲美　一九九四年「中世村落の形成と『随近在地』『在地』」『日本中世村落形成史の研究』校倉書房
仁木　宏　一九九七年『空間・公・共同体—中世都市から近世都市へ—』青木書店
新田一郎　一九九五年『日本中世の社会と法　国制史的変容』東京大学出版会
林屋辰三郎　一九六四年『町衆—京都における「市民」形成史』中央公論社

Ⅰ部3章

網野善彦　一九九八年『日本中世の百姓と職能民』平凡社
勝山清次　一九九五年『中世年貢制成立史の研究』塙書房
菅原正子　一九九八年「山科家領荘園の研究」『中世公家の経済と文化』吉川弘文館
一九八七年「播磨国における公家領荘園の研究—山科家領下揖保荘・細川荘・都多村—」『史論』四〇号
下坂　守　二〇〇一年「坂本の『寺家御坊』と山科家」『中世寺院社会の研究』思文閣出版
高橋慎一朗　一九九九年「鎌倉期の若狭国太良庄の長夫について」東寺文書研究会編『東寺文書にみる中世社会』東

京堂出版
田端泰子　二〇〇二年「中世の都市問題」『歴史と地理』五五七号
徳永裕之　二〇〇三年「『封建都市論』から学ぶこと」『遙かなる中世』二〇号
藤木久志　一九八六年「戦国期の山科家と山科七郷」『中世村落の構造と領主制』法政大学出版局
藤原良章　二〇〇七年「中世後期の京上夫の活動」遠藤ゆり子・蔵持重裕・田村憲美編『再考　中世荘園制』岩田書院
山本隆志　一九九八年「村の扶養者」『戦国の作法―村の紛争解決―』平凡社
　　　　　二〇〇四年「中世都市と交通体系」歴史学研究会・日本史研究会編『日本史講座四　中世社会の構造』東京大学出版会
　　　　　二〇〇三年「荘園制下の生産と分業」『講座日本荘園史3　荘園の構造』吉川弘文館

I部4章

網野善彦　一九九六年「中世都市論」『日本中世都市の世界』筑摩書房
稲葉伸道　一九九七年「中世の公人―寺院の公人を中心として―」『中世寺院の権力構造』岩波書店
馬田綾子　一九七七年「洛中の土地支配と地口銭」『史林』六〇巻四号
菅原正子　一九九八年「山科家領荘園の研究」『中世公家の経済と文化』吉川弘文館
瀬田勝哉　一九六七年「近世都市成立史序説―京都における土地所有をめぐって―」寶月先生還暦記念会編『日本社会経済史論集　中世編』吉川弘文館
高橋慎一朗　一九九六年「洛中地口銭と室町幕府」『中世の都市と武士』吉川弘文館
高橋康夫　一九八三年「後小松院仙洞御所跡敷地の都市再開発」『京都中世都市史研究』思文閣出版
土井忠生他編訳　一九八〇年『邦訳日葡辞書』岩波書店
戸田芳実　一九九一年「王朝都市論の問題点」『初期中世社会史の研究』東京大学出版会
富田正弘　一九八五年「中世東寺の寺官組織について―三綱層と中綱層―」『資料館紀要』一三号

仲村　研　一九七五年「八条院町の成立と展開」秋山國三・仲村『京都「町」の研究』法政大学出版局
保立道久　一九九九年「中世の年貢と庭物・装束米・竈米」東寺文書研究会編『東寺文書にみる中世社会』東京堂出版

Ⅱ部5章
市村高男　一九九四年『戦国期東国の都市と権力』思文閣出版
大澤研一　一九九八年「寺内町の展開と山科本願寺」山科本願寺・寺内町研究会編『戦国の寺・城・町―山科本願寺と寺内町』法蔵館
岡田保良・浜崎一志　一九八五年「山科寺内町の遺跡調査とその復原」『国立歴史民俗博物館研究報告』第八集
川村知行　一九九七年「越後の時宗寺院と称念寺一鎮像」『上越市史研究』二号
神田千里　一九九一年『一向一揆と真宗信仰』吉川弘文館
一九九八年『一向一揆と戦国社会』吉川弘文館
木立雅明　一九九八年「考古学からみた山科と山科本願寺」『戦国の寺・城・町』（前掲）
京都市埋蔵文化財研究所　一九九七年『山科本願寺跡　発掘調査現地説明会資料』
二〇〇六年「山科本願寺跡（3）」『京都市内遺跡発掘調査報告 平成十七年度』京都市文化市民局
草野顕之　一九九八年「山科本願寺・寺内町の様相―蓮如の時代とその後―」『戦国の寺・城・町』（前掲）
小島幸雄　一九九四年「伝至徳寺跡の調査―越後府中における中世遺跡の調査」『日本歴史』五五六号
斉藤利男　一九九二年「越後府中と直江の津―中世都市の二つの顔」渡辺信夫編『近世日本の都市と交通』河出書房新社
末柄　豊　一九九二年「細川政元と修験道―司箭院興仙を中心に」『遙かなる中世』一二号
高橋一樹　一九九八年「日本海交通と十三湊」国立歴史民俗博物館展示図録『幻の中世都市十三湊』
高橋慎一朗　一九九六年『中世の都市と武士』吉川弘文館

仁木　宏　一九九七年『空間・公・共同体─中世都市から近世都市へ』青木書店
西川幸治　一九九八年「山科寺内町の歴史と研究」『戦国の寺・城・町』（前掲）
原田正俊　一九九八年「都市史のなかの山科寺内町」『戦国の寺・城・町』（前掲）
福島克彦　一九九八年「山科盆地の村々と本願寺」『戦国の寺・城・町』（前掲）
藤木久志　一九九八年「城郭研究からみた山科寺内町」『戦国の寺・城・町』（前掲）
松尾恒一　一九七五年「統一政権の成立」『岩波講座日本歴史　近世1』岩波書店
松本　学　一九九三年「中世寺院の浴室─饗応・語らい、芸能」一遍研究会編『一遍聖絵と中世の光景』ありな書房
矢田俊文　一九九八年「中世越後における時衆教団の形成と展開」『新潟史学』四〇号
義江彰夫　一九九三年「延徳三年細川政元の越後下向と越後守護上杉氏の饗宴の場」『環日本海地域比較史研究』二号
吉田伸之　一九八四年「中世前期の都市と文化」『講座日本歴史　中世1』東京大学出版会
　　　　　一九九二年「都市の近世」同編『日本の近世9　都市の時代』中央公論社

Ⅱ部6章

赤星直忠　一九八〇年「永福寺址の研究」同『中世考古学の研究』有隣堂
浅野晴樹　一九九三年『慈光寺遺跡群現況調査報告書』都幾川村教育委員会
　　　　　一九九八年『都幾川村史資料2　考古資料編』都幾川村
新井敦史　一九九四年「中世後期の日光山坊舎─その世俗的活動を中心に─」『史境』二九号
伊藤正敏　二〇〇〇年『日本の中世寺院　忘れられた自由都市』吉川弘文館
井原今朝男　二〇〇四年『中世寺院と民衆』臨川書店
上島　享　二〇〇六年「法勝寺創建の歴史的意義─浄土信仰を中心に─」髙橋昌明編『院政期の内裏・大内裏と院御所』文理閣
衣川　仁　二〇〇〇年「中世前期の権門寺院と武力」『年報中世史研究』二五号

梅沢太久夫　一九八六年「中世の慈光寺と僧坊」金井塚良一編『慈光寺』新人物往来社
梅沢太久夫・野中仁　一九九三年『慈光寺遺跡群現況調査報告書』都幾川村教育委員会
川上　貢　二〇〇五年『禅院の建築　新訂』中央公論美術出版
黒田俊雄　一九八〇年『寺社勢力―もう一つの中世社会―』岩波書店
一九九五年a「中世寺社勢力論」同『黒田俊雄著作集3』法蔵館
一九九五年b「中世寺院史と社会生活史」同『黒田俊雄著作集3』法蔵館
小山靖憲　一九九八年「中世根来寺の組織と経営」『中世寺社と荘園制』塙書房
笹生　衛　二〇〇五年「中世寺院遺跡の分類と変遷」同『神仏と村景観の考古学』弘文堂
菅原正明　一九九五年「泉南紀北の支配者　根来寺」網野善彦・石井進編『中世の風景を読む5　信仰と自由に生きる』新人物往来社
鈴木嘉吉　一九五七年『奈良時代僧坊の研究(奈良国立文化財研究所学報第四冊)』
鈴木　亘　二〇〇五年「建築的観点から考察した『絵図』―火災を経て再建された禅宗系寺院」大三輪龍彦編『浄光明寺敷地絵図の研究』新人物往来社
関口欣也　一九七一年「称名寺結界図」『神奈川県文化財図鑑　建造物篇』神奈川県教育委員会
高田良信　一九八一年『法隆寺子院の研究』同朋舎出版
高橋慎一朗　二〇〇一年「寺社と中世都市」佐藤信・吉田伸之編『新体系日本史6　都市社会史』山川出版社
竹島　寛　一九三六年「古寺院の僧坊及び雑舎」同『王朝時代皇室史の研究』右文書院
永島福太郎　一九五八年「僧坊の子院化―東大寺三面僧坊を中心として―」『ヒストリア』二三号
西谷正浩　一九九〇年「所有・相続という視点からみた十四～十五世紀の一寺院―九条殿御寺不断光院の場合」九州大学国史研究室編『古代中世史論集』吉川弘文館
服部幸子　二〇〇三年「中世醍醐寺における法身院と満済に関する一考察」大桑斉編『論集　仏教土着』法蔵館
福島金治　一九九七年「金沢称名寺の寺院組織」同『金沢北条氏と称名寺』吉川弘文館

福田　誠　一九九〇年『史跡永福寺跡』鎌倉市教育委員会
二〇〇一年『鎌倉市二階堂　史跡永福寺跡　遺構編』鎌倉市教育委員会
藤井恵介　一九九七年「称名寺絵図に描かれた建築群について―特に律院としての性格をめぐって―」『金沢文庫研究』二九八号
藤田勝也　二〇〇二年『日本古代中世住宅史論』中央公論美術出版
宝珍伸一郎　一九九四年「中世山岳寺院の一形態―白山信仰の拠点平泉寺の子院を中心に―」森浩一編『考古学と信仰』同志社大学考古学シリーズ刊行会
二〇〇〇年「白山信仰の拠点寺院平泉寺における中世都市形成の要素」中世都市研究会編『都市の求心力―城・館・寺』新人物往来社
村田　弘　一九八九年「織豊期の根来寺の様相」東海埋蔵文化財研究会編『清須―織豊期の城と都市―　研究報告編』
森　茂暁　二〇〇四年『満済』ミネルヴァ書房
山岸常人　二〇〇四年「中世寺院の僧房と僧団」同『中世寺院の僧団・法会・文書』東京大学出版会
湯尻修平　一九八四年『羽咋市気多社僧坊跡群』石川県立埋蔵文化財センター
吉田義和　一九九八年「近世前期の慈光寺(1)―寺領景観の復原―」『比企丘陵』三・四号

Ⅱ部7章

新井敦史　一九九四年「中世後期の日光山坊舎―その世俗的活動を中心に―」『史境』二九号
石井　進　二〇〇五年「中世都市論の課題」『石井進著作集　第九巻　中世都市を語る』岩波書店
伊藤　毅　二〇〇三年a「宗教都市の展開と空間」『都市の空間史』吉川弘文館
二〇〇三年b「中世都市と寺院」『都市の空間史』吉川弘文館
大阪市立博物館編　一九八七年『社寺参詣曼荼羅』平凡社
菅原信海　二〇〇一年「日光山と神仏習合」『山岳修験』二八号

菅原正明　一九九五年「泉南紀北の支配者　根来寺」網野善彦・石井進編『中世の風景を読む　五』新人物往来社
高橋慎一朗　二〇〇一年「宗教都市・根来」佐藤信・吉田伸之編『新体系日本史　六　都市社会史』山川出版社
二〇〇七年「中世寺院における僧坊の展開」小野正敏・五味文彦・萩原三雄編『中世寺院　暴力と景観』高志書院
千田孝明　二〇〇三年「日光山をめぐる宗教世界」浅野晴樹・齋藤慎一編『中世東国の世界１　北関東』高志書院
二〇〇五年「中世日光山の光と影―幻の『光明院』、その栄光と挫折」橋本澄朗・千田孝明編『知られざる下野の中世』随想舎
日光市史編さん委員会編　一九七九年『日光市史　上巻』日光市
山澤　学　一九九六年「元和～寛永期日光における新町の形成」『歴史と文化』五号
二〇〇九年「日光惣町における御役の編成」『日光東照宮の成立―近世日光山の『荘厳』と祭祀・組織―』思文閣出版
湯浅治久　二〇〇七年「香取社宮中町の成立と変貌―東国における町場展開の一様態―」佐藤博信編『中世東国の社会構造』岩田書院
義江彰夫　二〇〇三年「日本の中世都市と寺社勢力」『アジア文化研究別冊』一二号
和歌山県史編さん委員会編　一九九四年『和歌山県史　通史編中世』和歌山県

Ⅱ部8章

青山幹哉　一九八三年「鎌倉幕府将軍権力試論―将軍九条頼経～宗尊親王期を中心として―」『年報中世史研究』八号
秋山哲雄　一九九七年「都市鎌倉における北条氏の邸宅と寺院」『史学雑誌』一〇六編九号
石井　進　一九八九年「都市としての鎌倉」石井進・大三輪龍彦編『よみがえる中世３　武士の都 鎌倉』平凡社
一九九四年「文献からみた中世都市鎌倉」鎌倉考古学研究所編『中都市鎌倉を掘る』日本エディタースクール出版部

稲垣泰彦　一九八四年「古河公方と下野」『日本中世の社会と民衆』三省堂
上田叙代　一九九五年「鎌倉止住僧定豪について」『学習院史学』三三号
岡陽一郎　一九九九年「泰時以前の鎌倉─都市の点景─」『鎌倉』八八号
河野眞知郎　一九九五年『中世都市鎌倉　遺跡が語る武士の都』講談社選書メチエ
鎌倉市教育委員会編　一九九三年『鎌倉市埋蔵文化財緊急調査報告書九　第二分冊』
　一九九八年『鎌倉市埋蔵文化財緊急調査報告書一四　第二分冊』
鎌倉市史編纂委員会　一九五九年『鎌倉市史　総説編』吉川弘文館
櫛田良洪　一九六四年『真言密教成立過程の研究』山喜房仏書林
納富常天　一九八七年『鎌倉の仏教』かまくら春秋社
五味文彦　一九八九年「公方」網野善彦他編『ことばの文化史　中世3』平凡社
　二〇〇〇年『増補　吾妻鏡の方法─事実と神話にみる中世─』吉川弘文館
須川英徳　二〇〇一年「朝鮮王朝五百年の都・ソウル」『アジア遊学 三四 特集ソウル』勉誠出版
鈴木博之　一九九八年『東京の［地霊］』文春文庫
　一九九九年ａ『日本の〈地霊〉』講談社現代新書
　一九九九年ｂ『日本の近代一〇 都市へ』中央公論新社
平　雅行　一九九八年「定豪と鎌倉幕府」大阪大学文学部日本史研究室編『古代中世の社会と国家』清文堂出版
高橋慎一朗　一九九六年ａ「洛中と六波羅」『中世の都市と武士』吉川弘文館
　一九九六年ｂ「鎌倉甘縄に見る武家地と寺院」『中世の都市と武士』吉川弘文館
　二〇〇一年「宗尊親王期における幕府『宿老』」『年報中世史研究』二六号
　二〇〇五年『武家の古都、鎌倉』日本史リブレット21　山川出版社
田辺久子　一九九〇年『乱世の鎌倉』かまくら春秋社
田渕句美子　一九九五年「関東の文学と学芸」『岩波講座日本文学史　第五巻　一三・一四世紀の文学』岩波書店

外村展子　一九八六年『鎌倉の歌人』かまくら春秋社
中川博夫　一九八六年ａ「後藤基綱・基政父子㈠―その家譜と略伝について―」『芸文研究』四八号
　一九八六年ｂ「後藤基綱・基政父子㈡―その和歌の事績について―」『芸文研究』五〇号
新川武紀　一九九四年『下野中世史の新研究』ぎょうせい
貫　達人　一九七一年「北条氏亭址考」『金沢文庫研究紀要』八号
貫達人・川副武胤　一九八〇年「大門寺」『鎌倉廃寺事典』有隣堂
福島金治　一九九八年「仁和寺御流の鎌倉伝播―鎌倉佐々目遺身院とその役割―」阿部泰郎・山崎誠編『守覚法親王と仁和寺御流の文献学的研究論文篇』勉誠社
藤田盟児　一九九九年「鎌倉武士住宅の空間構成―幕府御所を中心として―」関口欣也先生退官記念論文集刊行会編『建築史の空間』中央公論美術出版
細川重男　二〇〇〇年『鎌倉政権得宗専制論』吉川弘文館
槇　文彦　一九九七年『記憶の形象―都市と建築との間で―』ちくま学芸文庫
松尾剛次　一九九三年『中世都市鎌倉の風景』吉川弘文館
　一九九七年『中世都市鎌倉を歩く』中公新書
松山　宏　一九七六年『武者の府　鎌倉』柳原書店
馬淵和雄　一九九四年「武士の都　鎌倉―その成立と構想をめぐって―」網野善彦・石井進編『中世の風景を読む２　都市鎌倉と坂東の海に暮らす』新人物往来社
三浦勝男編　一九六九年『鎌倉国宝館図録第十七集　鎌倉の古絵図Ⅲ』鎌倉市教育委員会・鎌倉国宝館
向荏柄遺跡発掘調査団編　一九八五年『鎌倉市二階堂向荏柄遺跡発掘調査報告書』鎌倉市教育委員会
山田邦和　一九九八年「中世都市京都の変容」中世都市研究会編『中世都市研究５　都市をつくる』新人物往来社
山村亜希　一九九七年「中世鎌倉の都市空間構造」『史林』八〇巻二号
湯山　学　一九九五年「定豪とその門流」『鶴岡八幡宮の中世的世界』私家版

一九八八年「関東祗候の廷臣―宮将軍家の近臣層に関する覚書―」『相模国の中世史　上』私家版
義江彰夫　一九八四年「中世前期の都市と文化」歴史学研究会・日本史研究会編『講座日本歴史　中世1』東京大学出版会
和久井紀明　一九七二年「中世東国の在地領主制の展開―下野小山氏について」『地方史研究』一一八号

【著者略歴】

高橋慎一朗（たかはし しんいちろう）

1964 年、神奈川県小田原市に生まれる。
1992 年、東京大学大学院人文科学研究科博士課程中退。
1997 年、東京大学より博士（文学）の学位取得。
1992 年より東京大学史料編纂所に勤務。
現在　東京大学史料編纂所准教授。

【おもな著書】
『中世の都市と武士』吉川弘文館
『武家の古都、鎌倉』山川出版社
『中世の都市―史料の魅力、日本とヨーロッパ』（共編著）東京大学出版会

高志書院選書 4

中世都市の力―京・鎌倉と寺社―

2010 年 3 月 15 日　第 1 刷発行

著　者　高橋慎一朗
発行者　濱　久年
発行元　高志書院
〒101-0051 東京都千代田区神田神保町 2-28-201
TEL03(5275)5591　FAX03(5275)5592
振替口座　00140-5-170436
http://www.koshi-s.jp

印刷・製本／亜細亜印刷　装丁／飯村一男

ISBN978-4-86215-070-7